Norbert Glaab

Aus der Illusion zum bewussten SEIN

Norbert Glaab

Aus der Illusion zum bewussten SEIN

Lebe in der Stimmigkeit & Freude durch Bewusstseinsbefreiung

Bloggingbooks

Imprint
Any brand names and product names mentioned in this book are subject to trademark, brand or patent protection and are trademarks or registered trademarks of their respective holders. The use of brand names, product names, common names, trade names, product descriptions etc. even without a particular marking in this work is in no way to be construed to mean that such names may be regarded as unrestricted in respect of trademark and brand protection legislation and could thus be used by anyone.

Cover image: www.ingimage.com

Publisher:
Bloggingbooks
is a trademark of
Dodo Books Indian Ocean Ltd. and OmniScriptum S.R.L publishing group

120 High Road, East Finchley, London, N2 9ED, United Kingdom
Str. Armeneasca 28/1, office 1, Chisinau MD-2012, Republic of Moldova, Europe
Printed at: see last page
ISBN: 978-620-2-47648-5

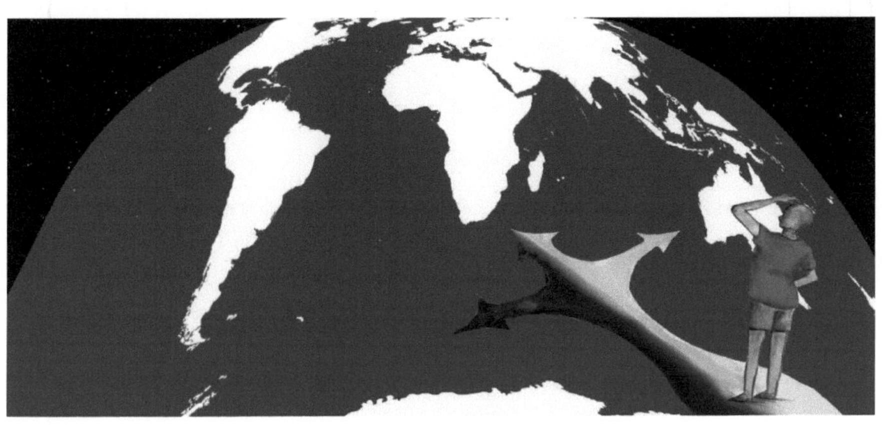

Aus der Illusion zum bewussten SEIN

Lebe in der Stimmigkeit & Freude durch Bewusstseinsbefreiung

Norbert Glaab

Texte Bloggingbuch

Wie durch Bewusstseinsbefreiung das Leben stimmig und freudig verläuft.

Durchschauen der Illusion leicht gemacht

DIESES BUCH WIDME ICH LARA UND VIA

Bloggingbooks

Inhaltsverzeichnis

Vorwort **5**

Kurz-Biografie **6**

Einführung **7**

Teil I Gut zu wissen **11**

Unwiderruflich für ein erfülltes Leben *11*

Die immerwährenden Gesetze des Lebens *13*

Jedem geschieht nach seinem Glauben *14*

SO ist Bewusstsein *15*

Angst, die unbewusste Lebensbeeinflussung *18*

Angst hat nur das Ego! *19*

Der globale Umbau ist im Gange *20*

Wenn das Leben spielt und du dessen Abläufe nicht kennst *23*

Spiritualität - alles andere ist nur Fassade! *24*

Illusion - Hinterher weiß man immer mehr *26*

Kurzfassung der wichtigsten kosmischen Gesetze *28*

Begrifflichkeiten hinterfragen schafft Klarheit *30*

Deine energetische Signatur *32*

Teil II Was für die Zukunft wichtig ist **35**

Täuschung durchschauen *35*

Polarität versus Dualität *38*

SoSein = ER-folg *39*

Wahrnehmung - was ist das? *43*

Das Gefühl ist das Geheimnis *45*

Der Schlüssel *48*

Teil III Hinterfragen führt zur Selbsterkenntnis **51**

Erfülltes Leben *51*

Raus aus dem LEID-Sumpf *53*

Einladung in die Wirklichkeit *56*

Raus aus dem Lügen-Geflecht *58*

Teil IV Praxis mit Anleitungen **61**

Achtsamkeits-Praxis *61*

Erinnerung an meine Zeit bei den Kahuna's *63*

(Ho'oponopono) *63*

Was bringt DICH zu Deinem Ziel? *64*

Sei der Beobachter *66*

Erkennen durch Wahrnehmung *69*

Faszination Visualisierung *71*

Teil V Zusammenfassung mit Schlussgedanken **74**

Essenz *74*

Kurzdarstellung *76*

Friedensgebet *77*

Vorwort

Der Lebensstandard ist nicht die Lebensqualität.

„Wie schön könnte das Lebe sein, wenn…"

Du hast ein Privileg, ein riesiges Geschenk, das unsere Vorfahren nicht genießen konnten.

Dieses Geschenk heißt: du kannst und darfst in diesem Leben, in deinem Körper zwei sehr verschiedene Leben genießen.

Da kannst du deine bisherigen alten, mehr oder weniger unbewusst erschaffenen Leben, als Mann oder Frau, ein zweites Leben erschaffen, das von Bewusstheit, Liebe, Freude, Erfüllung, inneren Frieden und höchster Lebensqualität, geprägt ist.

Mir ist klar, dein Verstand bezweifelt das erstmal. Das darf er. Entscheidend ist, ob du eine innere Stimme wahrnimmst, die sagt: „Da könnte was dran sein" oder du denkst: „Da bin ich aber mal neugierig."

Der Gedanke dazu, sehe dieses Buch, als eine Art Betriebsanleitung mit Handlungshinweisen, unausweichlichen kosmischen Gesetzmäßigkeiten zur Nutzung deines Potentialis, an. Das Spiel des Lebens funktioniert nach präzisen kosmischen Regeln.

Wir können materiell sehr reich sein, aber innerlich vollkommen arm und leer. Diese innere Leere spüren viele, also das überflüssige dessen, was sie immer mehr konsumieren, dass ihnen einfach das nicht mehr gibt, was sie als Kompensationsmöglichkeit nehmen, nicht mehr in sich selbst finden. Die innere Mitte haben die meisten verloren. Darum leben sie nicht mehr aus sich selbst heraus. Sie sind reaktiv aber nicht mehr kreativ. Wir leben quasi im Autopiloten, weil es auch Energie spart, und dir vorgegeben wird, du musst so und so sein, aber die Leute spüren, das bin nicht ich. Dieses fehlende Selbstwertgefühl, auch die Selbstachtung, die damit einhergeht, ist das, was im Moment verloren geht. Das muss man, jeder in sich selbst, wieder stärken.

Es ist wichtig dem Menschen zu zeigen, die tiefgreifenden Fragen zum Leben zu stellen und die Antworten aus sich heraus zu finden und nicht von draußen zu holen. Jeder trägt alles in sich!

Womit beginnt jeder private wie berufliche Durchbruch im Leben?

Die Antwort lautet: ***Mit neuen Fragen.***

Jeder Durchbruch im Leben beginnt mit neuen Fragen, aber wir stellen uns immer dieselben Fragen, die wir uns schon ewig gestellt haben. Das lässt sich, wenn du willst, ändern.

Kurz-Biografie

Norbert Glaab ist Achtsamkeits-Coach.

Er gibt Menschen Hinweise und unterstützt mit Methoden die Bewusstseins-befreiung zu ermöglichen. Mit Fragen, die sonst keiner stellt, und mit dem Focus nach innen, bietet er die Unterstützung, die Probleme löst.

Norbert Glaab begann seinen beruflichen Weg in der Industrie und verließ diesen Weg nach mehr als 30 Jahren, um sich aus den begrenzenden Strukturen seines Lebens befreien zu können. Nach vielen Ausbildungen in verschiedenen Therapie-Methoden, fand er den Schlüssel für die momentane Achtsamkeit, bei Master Han Shan im Retreat-Center in Thailand.

Heute lebt er seine Erfüllung damit, Menschen die Hinweise und Anleitung zu vermitteln, sich innerhalb der Möglichkeiten der Wirklichkeit zu entfalten und zu festigen. Den Menschen in sich aufmerksam zu machen, um in den jetzigen Zeiten des immer schnelleren Wandels, das Leben zu gestalten und in Stimmigkeit zu leben.

Einführung

Das Bloggingbook ist kein Lesebuch im herkömmlichen Sinne. Jeder nutzt es nach seinem Gutdünken.

Der Autor kennt keine Zufälle und keine Unfälle. Alles geschieht nach einer kosmischen Ordnung und hat stehts die kosmischen geistigen Gesetze von Ursache und Wirkung als Grundlage, auch wenn es nicht sichtbar ist.

Schön, dass Dich das Buch, auf welche Art auch immer, gefunden hat.

Ich nehme mir hier gleich die Freiheit, Dich mit DU anzusprechen. Der Kosmos kennt keine Trennung und ich auch nicht mehr. Trennung ist eine Illusion. Diese gilt es zu durchschauen. Hier geht es um die Dinge, mit denen sich das Menschsein beschäftigt und dies in der Ordnung des Universums, was der Begriff Kosmos aussagt. Es ist die Ausgewogenheit der Dualität von Materialismus und Spiritualität.

Alles, was ich hier zum Besten geben, ist für den Leser und die Leserin überprüfbar und nachvollziehbar und soll unbedingt kritisch erforscht werden. Vielleicht benötigst du an der einen oder anderen Stelle noch etwas Unterstützung. Daher gibt es Verweise und Angaben, bei denen DU Hilfe erfragen kannst. Natürlich stehe ich zum Coaching gerne zu Verfügung.

Beginne gleich damit, DICH von deiner Intuition führen zu lassen. Stelle in Dir Fragen an das Buch, schlage es dann dort auf, wo dich Dein Gefühl, was die Kommunikation des Kosmos ist, hinführt und DIR die passenden Impulse gibt. Erfahre im Laufe der Zeit, Deinem Gefühl zu vertrauen. Urvertrauen ist das einzige Vertrauen, was der Mensch braucht. Damit sind wir auch schon bei einem wichtigen Hinweis. Lerne die Gefühle in DIR wahrzunehmen und von Emotionen zu unterscheiden. Dazu findest DU als einfache Anleitung die „INSIGHT Mind Focusing Methode - von Master Han Shan“ zur Stärkung der momentanen Achtsamkeit im hinteren Teil des Buches.

Bewusstsein brauchst Du nicht zu erlernen. Du bist Bewusstsein und hast es nur vergessen. Durch das Praktizieren der momentanen Achtsamkeit ER-INNER-ST DU DICH wieder daran. Die einzelnen Beiträge hier im Buch und in meinem Blog, liefern Beschreibungen, die sich aus dem Alltag ergeben haben, und auch mir im Wege gestanden sind. Jeder Artikel kann weitere ausführliche Informationen auf deiner Wunschliste wecken. DU erhältst Hinweise, die für DICH, Lust auf mehr entfachen sollen.

Alle Texte wurden bei einem aktuellen Anlass durch mich geschrieben, wenn sich ein Auslöser oder Impuls im Moment ergab. Daher kennen diese Texte auch kein Lektorat. Sich wiederholende Aussagen in der Textfolge sind gewollt.

Nutze deine Möglichkeiten und folge der inneren Stimme und lerne dabei Vertrauen in dir zu stärken.

Erfolg ist garantiert.

Erfolg ist etwas das er-folgt! Damit Erfolg erfolgen kann, muss etwas vorausgehen, sonst kann es nicht er-folgen. In jedem Augenblick gestaltest DU Zukunft. Daher überprüfe DEINE energetische Signatur (DEIN SOSEIN), gemäß dem Volksmund: „Was DU säst, das wirst DU ernten!"

Das GANZE LEBEN gehorcht geistigen Gesetzmäßigkeiten, oder der Spiritualität.

Stelle dir vor, man würde Autofahren ohne die Kenntnis der Straßenverkehrsordnung.

Man hätte keine Chance, auch nur einen einzigen Tag ohne Unfall zu überstehen.

Du wüsstest nicht, dass der von rechts Vorfahrt hat, dass man bei Rot anhalten müsste und man fährt willkürlich dahin, und dann knallst natürlich öfter.

Die meisten Menschen leben ohne Kenntnis dieser geistigen Gesetzmäßigkeiten des Lebens. So sieht dann ihr Leben auch aus. Sie haben dann Unfälle oder das Schicksal trifft zu.

Wer Misserfolg – Mangel – Krankheit -Leid – Probleme erlebt

und glaubt, Leben ist nun mal problematisch, ist glaubend und nicht wissend.

Doch so ist Leben nicht gedacht und nicht gemacht.

Leben ist reine Freude – ist ein Geschenk.

Aber nicht, wenn man es andauernd stört!

Wie vor jeder Fahrt ist es gut zu wissen: Was ist DEIN Ziel? Auch im Leben!

Frage alle Meister dieser Welt, wie man dazu kommt, was genau ist der Punkt zu dieser Erkenntnis, kommt die Antwort:

DU FRAGST MIT DEM VERSTAND!

Der ist begrenzt und fehlerhaft, wie der Volksmund weiß; „Irren ist menschlich“.

Du kannst es nur erleben.

Erleben kannst du es nur mit dem Blick auf den Horizont, das ist Monotonie.

Noch konkreter:

In jedem Flugzeug gibt es, wenn alle Geräte ausfallen, den einfachen Kompass. Früher gab es diesen Kompass im Kaugummiautomaten. Es ist ein ganz simples Gerät. Ein simpler Handkompass ist in jedem Flugzeug. Wenn alle Navigeräte ausfallen, dann gibt es den immer noch.

Was hat der Pilot also immer? Er weiß wo Norden ist. Dieter Lange nennt diesen Kompass für den Menschen, „Nordstern“. Aber die meisten Menschen kennen ihren Nordstern nicht. Da sieht das Leben eben aus, wie es aussieht.

Viele unserer Ziele sind nicht unsere eigenen Ziele, sondern Erwartungs-haltungen anderer, die wir versuchen zu erfüllen.

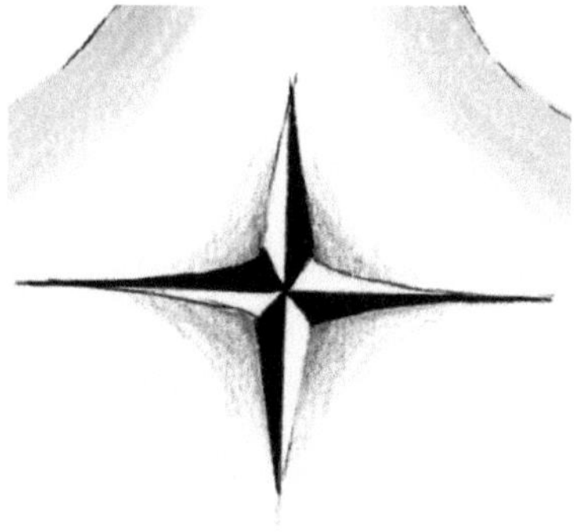

Lasse den inneren Kompass wirken und vertrau ihm.

Entdecke die DIR noch unbekannte ART, bewusst in Stimmigkeit und Freude zu leben!

Die Antworten auf die Fragen des Lebens kommen aus einem selbst heraus.

Das bedingt, dass man sich die richtigen Fragen stellt. Jeder Durchbruch im Leben, beginnt womit?

Mit den richtigen Fragen!

Die Realität ist der Spiegel des eigenen Lebens. Das ist das zuverlässige Kontrollinstrument.

Dein Sosein liefert deinen Lebensfilm.

Es ist wesentlich, bereit zu sein, um nach innen zu gehen und zu erkennen, dass wir die Quelle unseres Erfolgs sind.

Bewusstseinsbefreiung und eine andere Art des Denkens, ist der Weg zu wahrer Selbsterkenntnis. Dazu muss man nicht aus seinem System Geist heraus, sondern alles ist bereits in jedem enthalten.

Wir müssen den Rahmen vergrößern, in dem wir uns öffnen und sagen, es gibt noch mehr als die grobstoffliche, physische Realität.

Ich wünsche viele gute Erkenntnisse und Hinweise zum glücklichen, freudigen und stimmigen Leben.

Teil I Gut zu wissen

Unwiderruflich für ein erfülltes Leben

Du gibst dir Mühe, ein erfülltes, glückliches Leben zu führen? Es scheitert immer wieder an den Versuchen? Dann hast du hier einen Kompass, der dir eine grundlegende Struktur bietet, die unumstößlich den perfekten Weg weist.

In kurzen Abschnitten erfährst du, welche Schritte erforderlich sind. Es gibt dir Hinweise zum „WAS“ und „WARUM“. Das „WIE“ wird in diesem Artikel nicht aufgeführt, schon deshalb nicht, weil es sich aus den ersten beiden Fragen „Was & Warum“ ergibt. Wenn das „Was und Warum“ klar ist, spielt das „Wie“ keine Rolle.

Der Hinweis auf Unterstützung durch Coaching, sagt nicht aus, dass es bei mir sein soll, nur, dass solche Unterstützungen aus festgefahren Überzeugungen schneller und leichter den Weg frei machen.

Kosmische Gesetze

Es sind die Gesetzmäßigkeiten, die Wirken, ob du daran glaubst oder nicht. Die Gravitation wirkt an jedem Punkt der Erde, ob du daran glaubst oder nicht.

Ebenso ist mit dem Gesetz von Ursache und Wirkung, dem Resonanzgesetz, Gesetz der Anziehung und noch einigen mehr.

Prinzipien

Oft wird missverstanden, was erforderlich ist, um ein erfülltes Leben zu führen. Eines der grundlegenden Unterlassungen ist es, sich nur auf Methoden und Techniken zu fokussieren und dabei die Prinzipien, die fundamentalen Sachen, die von Bedeutung sind, wurden ganz vergessen oder nicht beachtet.

Die Prinzipien sind die Dinge, die im Hintergrund agieren, die aber wirklich entscheidend sind.

Prinzipien sind nicht das, was du auf den ersten Blick siehst, aber am Ende über das Gelingen oder Nichtgelingen entscheiden. Als Beispiel bietet das Thema Kommunikation Unterstützung. Es gibt viele Methoden zu kommunizieren, wie Telefon, SMS, Videochat, Briefe, nicht zu vergessen, die nonverbale Kommunikation und einiges mehr.

Es sind unterschiedliche Möglichkeiten und Methoden, mit denen wir kommunizieren können. Wer sich nur auf die Methoden fokussiert, muss bei einer Methodenveränderung komplett wieder von vorne beginnen, weil du prinzipiell das Ganze nicht verstanden hast.

Wenn du das Prinzip der Kommunikation als solches verstehst, ist es egal, ob du Mail, SMS schreiben musst, Videochats, Telefonate oder sonstiges.

Die Prinzipien der Kommunikation sind immer dieselben.

Prinzipien kann man auf alle möglichen Techniken oder Methoden übertragen.

Prinzipien sind das, was man nicht sieht, Methoden sind das, was man sofort sieht.

Prinzipien sind daher zeitlos. Methoden ändern sich von Zeit zu Zeit.

Höre auf, diese eine goldene Regel zu suchen, die dir verspricht, innerhalb von 24 Stunden dein Traumleben zu manifestieren.

Konzentriere dich auf die fundamentalen Prinzipien und Gesetzmäßigkeiten, denn das ist es, was für dich nachhaltige Erfolge erzielt.

Ein Prinzip ist: Das "WAS UND WARUM IST GRÖSSER ALS DAS WIE!"

Ein weiteres etwas schwieriges Prinzip ist, werde dir bewusst „Wer du bist!"

Die momentane Achtsamkeit, die bereits in dir vorhanden ist, wieder zu aktivieren.

Zu lernen, wie man seine Aufmerksamkeit so einsetzt, damit die dadurch gesteuerte Energie für das Gewünschte, es in der Realität auch erscheinen lässt.

Methoden

Methoden und Techniken sind die Werkzeuge, die dir helfen, eventuell unüberwindliche Hindernisse zu erkennen und zu überwinden. Welche Methode oder Technik, die momentan passend ist, die Wirkungsvollste ist, unterliegt deiner Wahl, oder dem aktuellen Bedürfnis.

Eine Methode, die ohne weitere Einschränkung empfohlen werden kann, ist die Arbeit, die tiefsitzende traumatische Erlebnisse löst. (MBM von Michael Begelspacher)

Zu jedem dieser Themen lassen sich unzählige Berichte, Lehr- und Anwendungsmaterial kostenneutral finden und nutzen.

Hier beginnt der Moment deiner Disziplin, deiner Einstellung, deiner Begeisterung, endlich aus den leidvollen Lebenssituationen aussteigen zu wollen.

Bewusstwerdung setzt Bereitschaft voraus.

Vielleicht sagst du aufgrund deiner gegenwärtigen Erfahrung: So ein Unsinn! Vorsicht! Das heißt: Ich würde dich deshalb nicht etwa rügen, jedoch darauf verweisen, dass dieser „Begriff Unsinn" lediglich im Ego erscheint.

Und dieser winzig kleine, feine, nahezu unsichtbare Unterschied zur Sichtweise der meisten aufrecht gehenden Wesen auf Erden, ist es, worüber ich in auf diesem Blog schreibe und in allen Talks spreche. Diese Bewusstwerdung wird sich in naher Zukunft beschleunigen und intensivieren.

Wenn ich zu einem Menschen sage, du bist Bewusstsein, sieht dieser Mensch in der Regel nach links, rechts und dann hinter sich. Und sieht niemand und nichts, was Bewusstsein sein könnte. Er sieht lediglich Körper und Dinge, wohin er auch schaut.

Fragt er sich dann selbst, WER dies alles sieht, und sieht nicht daran vorbei, dass er den, der sieht, nicht zu sehen vermag, könnte er womöglich sehen, was unter dem Verweis, „Du bist Bewusstsein", zu verstehen ist.

Du siehst alles, nur dich als den Seher, den siehst du nicht. Selbst im Spiegel siehst du nur Augen. Derjenige, der durch sie in die Welt sieht oder schlicht Welt sieht, der ist und bleibt verborgen. Er ist es jedoch das, für den und in dem alles existiert. Dafür ist das Weltbild, als Spiegel da. Was spielt es da schon für eine Rolle, ob er dies auch so wahrnimmt? Man kann dadurch sein Sosein, seine energetische Signatur erkennen und verändern, wenn man möchte. Das geht immer und auch immer Jetzt!

Die immerwährenden Gesetze des Lebens

Ohne Kenntnis dieser Gesetzmäßigkeiten ist es ein Navigieren ohne Zielpunkt auf dem Planet Erde.

Genauso ist es im Leben und die Menschen glauben, das Leben sei nun mal so, ohne zu wissen, dass sie das alles unwissentlich verursachen, durch die Unkenntnis der Gesetzmäßigkeiten des Lebens.

Die Unkenntnis schütze nicht davor, dass sie trotzdem wirken, nur weil wir (noch) keinen (bewussten) Zugang dazu haben.

Man kann sagen, dass alle menschlichen Problem durch die Unkenntnis dieser geistigen Gesetzmäßigkeiten verursacht werden.

Benutze ich diese Gesetzmäßigkeiten jedoch, bin ich im Fluss des Lebens, in Harmonie, mit dem was geschieht. Dann verschwindet diese Reibung.

Das wichtigste Gesetz ist, alles ohne Ausnahme, was geschieht, gehorcht der „Kosmischen Gesetzmäßigkeit" von Ursache und Wirkung und wird zur Realität. (Kosmos =Ordnung, oder das Weltall genannt, ist die Gesamtheit von Raum, Zeit und aller Materie und Energie darin,)

Dieses Gesetz erfährt jeder, aber wir beachten es nicht, oder hinterfragen es nicht.

Jeder Gedanke, jedes Gefühl, jede Überzeugung, jede Handlung, jeder Glaubenssatz ist eine Ursache und kommt zu uns zurück als entsprechende Wirkung.

Das Leben hat keine Möglichkeit, etwas anderes folgen zu lassen als genau das, was der von jedem gesetzten Ursache entspricht.

Das Leben hat keine Entscheidungsmöglichkeit oder Entscheidungsfreiheit, was es uns schicken soll, sondern wir setzen bewusst oder unbewusst Ursachen und erleben dann, was wir mit unserem SOSEIN verursacht haben.

Das SOSEIN ist der Dauerauftrag an das Leben. Wenn es nicht geändert wird, kommt immer wieder das Gleiche zum Vorschein.

Es ist dein Lebensfilm. Er läuft 24 Stunden am Tag. Mache das Beste daraus.

NUR DU hast die Macht ihn zu ändern!

DEIN Lebensfilm läuft in DIR.

Die Leinwand ist die Realität, auf der Dein Lebensfilm sichtbar ist.

Jedem geschieht nach seinem Glauben

Wovon du zutiefst überzeugt bist, schafft das, wovon du überzeugt bist.

Du bekommst vom Leben nicht das, was du ganz dringend brauchst, nicht das, was du unbedingt haben möchtest, was du dir sehr wünschst, sondern das, was du verursachst.

Dieses Lebensgesetz ist unabdingbar: Ursache und Wirkung. Nur was du verursachst, zeigt sich durch seine Wirkung.

Du verursacht es mit deinem Glauben (nicht die Religion gemeint), mit deiner Imagination und mit deiner Überzeugung.

Wenn diese beiden Dinge zusammenkommen, kann das Leben dir die Erfüllung nicht mehr verweigern. Du hast es in Besitz genommen. Eine Situation kann noch so schwierig sein, aussichtslos und der Verstand sag dir, das kann nicht gehen, weil… Dann höre auf dein Herz, denn das kennt alle Zusammenhänge.

Lass dich nicht irritieren, denn du bist Schöpfer und nur du kannst das in jedem Augenblick ändern.

Sogenannte Realisten orientieren sich gerne an Tatsachen und sagen mit bewusster Überzeugung, das ist doch schließlich eine Tatsache, man muss sich doch schließlich an Fakten halten.

Was sind Tatsachen? Tatschen sind Sachen, die so getan worden sind, die jederzeit anders getan werden können. Sie sind vergangenheitsbezogen.

Die momentane Absicht er-folgt, wie und was auch sonst. Das sind Tatsachen, die schaffe ich mir gerade. Wenn ich sie in Besitz nehme, müssen sie in Erscheinung treten. Das bedeutet, indem du eine Möglichkeit in der Zukunft, durch Identifikation in Besitz nimmst, wird daraus die Realität der Gegenwart.

Eine erwünschte Situation geistig in Besitz zu nehmen, damit aus einer Möglichkeit der Zukunft eine Realität der Gegenwart zu machen, besteht aus 3 einfachen Schritten, die in der Folge beschrieben werden.

Es kann auch sein, dass noch hinderliche Glaubenssätze und Überzeugungen sowie weitere versteckte Programmierungen und Muster beim Einzelnen vorhanden sind, dann ist eine Auflösung unumgänglich. Achtsamkeit und in das Bewusstsein zu kommen, wirkt erlösend. Coaching-Unterstützung sind da eventuell eine hilfreiche Idee.

Denke daran:

Jedem geschieht nach seinem Glauben. Ob du glaubst oder nicht, du wirst immer Recht behalten.

Ursache und Wirkung sind unumstößlich.

Ist das Ergebnis nicht so wie du die Wirkung erwartest hast, dann ändere die Ursache. Du hast in jedem Moment die Möglichkeit.

SO ist Bewusstsein

Unsichtbar und unverständlich

So und nicht anders. Und wenn du fragst, warum, frage ich: Warum nicht? Denn wenn es anders wäre, hättest du sicherlich auch einen Grund. Warum denn nur so zu fragen.

Bewusstsein muss sich nicht verstehen, um bewusst zu sein. Verstehen unterliegt dem Verstand und bedeutet, dass dadurch Illusionen sich auflösen können. Durchblick ist ein spezielles Steckenpferd im Bewusstsein, keineswegs eine Notwendigkeit. Guck dich um: Wer weiß schon, dass all das, was erscheint, lediglich Bewusstseinsinhalte sind? Ich wanderte kürzlich 8 km um einen See herum. Auch das geschah im Bewusstsein. Bewusstsein hat keinen Schritt gemacht. Es hatte anschließend keine Blase am Fuß. Es war nicht erschöpft. Es war nicht froh, wieder im Hotel zu sein und in die Sauna gehen zu können, um sich zu erholen. Nein. Bewusstsein wäre auch Bewusstsein geblieben, wenn irgendetwas anderes passiert an diesem Tag wäre. Bewusstsein hat keine Präferenzen. Es bildet lediglich die Plattform, auf der sich alles abspielt. Und obwohl ohne Bewusstsein überhaupt nichts geschieht, ist Bewusstsein in das, was geschieht, NULLKOMMANULL involviert. Es erlebt alles, weil es außer Bewusstsein nichts gibt und ist gleichzeitig, wie ein vollkommen versnobter Engländer nicht involviert.

Das ist es, was erlebt wird, wenn Bewusstsein sieht, das außer Bewusstsein nichts existiert. Etwas, das ich als „außerhalb mittendrin“ bezeichne. Klares Sehen ist nichts Mentales. Mir ist nicht andauernd bewusst, dass ich Bewusstsein bin und dass es keine Materie gibt. Dass jede Form nur erscheint. Das Bewusstsein, das es nichts außer Bewusstsein gibt, ist zumeist unbewusst bewusst. Deshalb vermag ich nicht zu leiden. Leiden kannst du nur, wenn Bewusstsein durch den Verstand verhangen ist. Klares Sehen und Leiden sind wie Feuer und Wasser.

Frage weshalb du noch leidest? Diese Frage würde womöglich bewirken, dass du Bewusstsein nicht (bewusst oder unbewusst) dafür anklagst. Bewusstsein kann nicht leiden.

Stell dir vor, du würdest dich mit dem Messer ritzen und anschließend dafür beschuldigen: Bist du eigentlich noch ganz richtig im Kopf? Weshalb tust du mir nur so weh? Bitte hör damit auf! Wenig später nimmst du das Messer wieder in die Hand und das gleiche Spiel beginnt von vorn. Schließlich würdest du erkennen, dass außer dir niemand da ist, der fürs Ritzen verantwortlich ist, dennoch könntest du es einfach nicht lassen. Du findest eine pervers zu nennende Freude daran, dir selbst weh zu tun, erkennst es jedoch nicht, und beschuldigst das Leben, dein Gehirn, das Schicksal, wen oder was auch immer. Dabei gibt's nichts außer Bewusstsein und damit nur dich. Niemand kann dir weh tun außer du dir selbst! Du bist weder das Opfer noch bist du der Täter. Täter und Opfer erscheinen nur im Bewusstsein. Und du bist Bewusstsein. SO wie du dich erlebst, ist „Bewusstsein-im-Spiel“ allerdings, nicht in seiner Natur. Die Natur des Bewusstseins ist leer. Deshalb kann sich in ihr alles abspielen.

Erkennt sich Bewusstsein in seiner wahren Natur, wird ihm natürlich bewusst, dass das, was sich abspielt, mit ihm nur insofern zu tun hat, dass es sich abspielt. Und das bringt eine gewisse Distanz rein ins Spiel. So dass du zwar (beispielsweise) nicht frei bist von deinem ungeduldigen Wesen, jedoch auch nicht mehr drin. Eben außerhalb mittendrin!

Du wirst jedenfalls nicht mehr klagen. Klagen ist immer Anklagen. Klagen geht gar nicht ohne Anklagen. Wer würde sich schon selbst ritzen und anschließend darüber klagen, dass es wehtut! Nur einer, dem während der Tat nicht bewusst ist, dass er sich alles nur selbst antut und antun kann, weil nur er existiert. Schau dich nur um, da ist niemand und nichts. Und genau diese Leere, aus der alles hervor strömt, bist du. Keiner da außer du.

Klar reg ich mich auf über Kosten des Katasteramtes. Die machen hier Aufnahmen, Fotos von meinem Grundstück und Haus und verlangen dafür vom Hausbesitzer Gebühren! Was für ein Blödsinn, sag ich! Und: Umzingelt von Idioten! Ich bin der dualen Welt nicht entrückt. Und auch kein Heiliger. Leiden aber tu ich deswegen nicht. Würde ich leiden, würde ich (an)klagen müssen und das kann ich nicht, weil ich weiß, SO ist Bewusstsein. Und das gilt für alles, was erlebt wird. Leiden kannst du nur, wenn das, was ist wie es nun einmal ist, nicht SO sein darf, wie es ist. Sonst ist Leiden völlig unmöglich. Selbst im Gefängnis würdest du dann nicht leiden.

Kürzlich hörte ich: Damit kann ich mich einfach nicht abfinden! Okay, aber dann wirst du leiden müssen. Nicht abfinden können mit einer Disposition oder Situation bedeutet letztlich nicht klar zu sehen, das Bewusstsein SO ist. Du magst sagen: Natürlich ist alles Bewusstsein. Dann kommen wir auf deine Situation zu sprechen. Oder deine Disposition. Und du sagst: Nein, SO nicht. Interessant, denn ist nicht alles Bewusstsein? Unter der Leselampe mit einem Buch in der Hand! Da schon, gell? Wenn aber der Partner fremd geht und dich ein Jahr lang mit jemand anderen betrügt, dabei jedoch auch mit dir quietschvergnügt 3-mal pro Woche schnackselt, dann hat das doch nichts mit dem SOSEIN von BEWUSTSEIN zu tun! Dann ist das einfach eine Riesensauerei!

Natürlich ist es das! Und dein Zorn oder Schmerz oder beides abwechselnd, ist normal. Wenn du aber darüber klagst wie ein Waschweib und das länger als einen Tag, na gut, ich gebe dir in diesem besonderen Fall eine Woche, damit dein Body den Dreck so richtig ausspucken kann, wage ich zu bezweifeln, dass du klarsiehst. Und wenn du dann sagen solltest, ja sicher, ich sehe noch nicht klar und wiederum damit beginnst, wie ein Waschweib darüber zu klagen, dass du nicht klarsiehst, dann, tja dann würde ich sagen, dass du das Spiel „sich ritzen und dann drüber klagen, dass es weh tut" in jedem Fall lieber spielst als es an den Nagel zu hängen.

Wovon du überzeugt bist, schafft das, wovon du überzeugt bist.

Du bekommst vom Leben nicht das, was du ganz dringend brauchst, nicht das, was du unbedingt haben möchtest, was du dir sehr wünschst, sondern das, was du verursachst. (man kann es nicht oft genug sagen)

Dieses Lebensgesetz ist unabdingbar: Ursache und Wirkung. Nur was du verursachst, zeigt sich durch seine Wirkung.

Lass dich nicht irritieren, denn du bist Schöpfer und du kannst das in jedem Augenblick ändern.

Erschaffe ein Bild von dem, was sein soll, stell den erwünschten Endzustand dir bildhaft vor

Das ist der eigentliche Schlüssel. Den erwünschten Endzustand geistig in Besitz zu nehmen. Konkret: Ich verbinde die Vorstellung des erwünschten Endzustandes mit mir. Ich erlebe mich am Ziel. Ich habe erreicht. Es ist geschehen. Zuerst hatte ich den abstrakten Endzustand und jetzt erfahre ich ihn persönlich, ich erlebe mich in der Situation. Damit mache ich aus einer Möglichkeit der Zukunft, erlebte Realität der Gegenwart. Ich erlebe jetzt, dass es ist, dass ich es habe! Ich versetze mich mit Hilfe der Imagination ins Ziel. Verbind das auch mit einem Gefühl. Ich fühle mich wohl. Ich fühle mich wert, das zu bekommen. Dann kommt der dritte Schritt.

Ich verbinde es mit dem Gefühl der Freude und Dankbarkeit. Das ist unverzichtbar, denn wer mit dem dritten schlampig umgeht, geschieht auch nichts. Warum? Die

Dankbarkeit und Freude zeigen mir erst, dass ich wirklich bekommen habe. Dass ich in Besitz genommen habe. Ich kann nicht dankbar sein für etwas, das ich gerne hätte. Da entsteht keine Dankbarkeit, denn ich habe es ja nicht. Wenn ich Dankbarkeit empfinden kann in der Situation, dann habe ich in Besitz genommen. Wenn ich in Besitz genommen habe, ist es bereits geschehen. Es ist gesät und muss nur noch heranreifen, die Ernte. Es gibt nichts mehr zu tun. Vor allem nicht abbestellen. Viele Menschen machen genau das. Sie machen alles richtig, doch dann kommt der Verstand: hoffentlich hat das funktioniert!!! Damit habe ich gerade abbestellt.

Bei hinderlichen Glaubenssätzen, Überzeugungen oder tiefsitzende Ängste können durch eine Sonderbetrachtung gelöst werden. Das ist kein Coaching-Buch nur Hinweise, mit dem jeder in eigener Disziplin seinen Weg bereitet. Wie gesagt, das Leben ist ein Abenteuer. Es ist ein Spiel, das jeder für sich spielt.

Angst, die unbewusste Lebensbeeinflussung

Warum ist das Thema Angst eines der wichtigsten Themen in unserem Leben?

Am leichtesten ist es, wenn du dir die Herkunft des Begriffes verdeutlichst:

Der Begriff Angst hat sich seit dem 8. Jahrhundert von indogermanisch *anghu „beengend" über althochdeutsch angust entwickelt. Er ist verwandt mit lateinisch angustus bzw. angustia für „Enge, Beengung, Bedrängnis"

Angst ist ein Gefühl, das Gedanken auslöst und nicht objektbezogen ist. Angst ist immer eine Illusion, ist immer illusionär. Nur unbewusste Menschen haben Angst. Angst ist eine Mangel an Informationen, sagt Michael Begelspacher. Wie recht er hat, wurde mir bei meiner Arbeit und Lernen der momentanen Achtsamkeit, klarer denn je. Dein Gehirn hat Angst, weil es nicht weiß, was passieren wird. Unsere Bequemlichkeit und Trägheit wirken hier maßgeblich mit, weil wir die Informationen, die permanent zugespielt werden, nicht prüfen und hinterfragen.

Unser Leben besteht größtenteils aus Angst, sowie Angstvermeidungsstrategien.

Solltest du gerade an einem Tiefpunkt angelangt sein, gibt dir das Leben gerade die Chance, den einzigen Widerstand aufzulösen, der dich an der Akzeptanz und damit an der Wahrnehmung deines natürlichen Zustandes hindert. Und das ist das Empfinden, dass du durch deine Strebsamkeit, deinen Eifer und Kampf dafür sorgen könntest, dein Leben in den Griff zu bekommen. Egal wofür du oder wogen du kämpfst, solange deine Aufmerksamkeit zur Auf- und Ab-Bewegung des Lebens involviert ist, wirst du deine wahre Natur verpassen. Da wir aber aufgrund unseres genetischen Programmes nicht zu kämpfen aufhören können, kreiert das Leben manchmal Umstände, die wir nicht aus eigener Kraft positiv zu verändern vermögen.

In diesem Sinne wünsche ich dir von Herzen ein angstfreies und in Liebe erfüllte Leben. Du hast in jedem Moment die Möglichkeit zu beginnen. Es ist NUR ein Schritt. Mache diesen zu deiner Gewohnheit. Folge der Stimmigkeit und Freude.

Angst hat nur das Ego!

Rette sich wer kann.

Die Seele (dein „Ich bin“) kennt keine Angst.

Lerne dein „Ich bin“ vom Ego zu unterscheiden.

Das „Ich bin“ lernst du dann kennen, wenn du prüfst, was du nicht bist oder nicht sein kannst.

Das ist ein einfacher, wenn auch kein leichter Weg.

Erfahre dein Sosein, indem du akribisch erforschst, und vor allem genau beobachten lernst, oder achtsam bist.

Hier die Erklärung:

Alles, was du beobachten kannst, kannst du nicht sein. Wenn du dich in das Auto setzt, wirst du nicht zum Auto. Du hast ein Auto, aber du bist nicht das Auto.

Wenn du in Zoo gehst, dann siehst du Affen, aber du wirst nicht zum Affen.

Wenn du deinen Körper beobachten kannst, dann hast du einen Körper, bist aber nicht der Körper.

Wenn du deine Gedanken beobachten kannst, dann hast du Gedanken, bist aber nicht deine Gedanken.

Wenn du deine Persönlichkeit beobachten kannst, dann hast du eine Persönlichkeit, bist aber nicht die Persönlichkeit.

Du hast dich bisher nur damit identifiziert. Das ist jedoch ein Trugschluss, aus dem eine Täuschung wurde, oder anders ausgedrückt, eine Illusion!

Da es eine Vereinfachung für das Leben darstellt, gibt es für das alltägliche Gewohnheiten. Diese Identifikation haben wir fälschlicherweise zur Gewohnheit gemacht. Diese Entwöhnung nennt man erwachen, oder sich SELBT bewusstwerden.

Das ist der Vorgang, der dich aus Angst entlässt.

Du bekommst durch das Beobachten weiterhin alle Impulse und kannst immer auf die aktuelle Gefahrensituation reagieren.

Du lebst dadurch in der Wahrnehmung. Wahrnehmung macht keine Fehler, doch der Verstand, dein Ego ist nicht fehlerfrei.

In der Wahrnehmung wirst du weitere Wunder erleben, die ich hier im Einzelnen nicht beschreibe.

Wissenschaftlich ist längst bewiesen, dass Angst krank macht. Es ist lediglich ein Führungsinstrument für Machthaber, Medien, Politik, Ideologien, und die Werbeindustrie.

Man macht dir Angst, damit du reagierst. Durch das Gefühl der Angst, das in die erzeugt wird, bist du bereit, etwas zu kaufen oder vertraglich abzuschließen.

Nimm das Ego in Besitz, so dass das Ego weiterhin Impulse liefert, aber du nicht mehr ungeprüft darauf reagierst. Das verbirgt sich hinter dem Begriff "ERWACHEN".

Es gibt zwei Motivatoren: Liebe und Angst. Die meisten Menschen sind vom Ego gefühlsgesteuert, daher angstdominiert. Diese Angst mal loszulassen, das heißt, Menschen kommen dann ins Vertrauen. Wo Angst sich abschwächt, wächst Vertrauen! Vertrauen in sich selbst, nicht ins Ego. Merke, du hast immer Vertrauen, die Frage ist nur in was?? Du hast nie einen Mangel an Vertrauen. *Dem Ego kannst du nicht vertrauen, nur dem SELBST, deinem Sosein.*

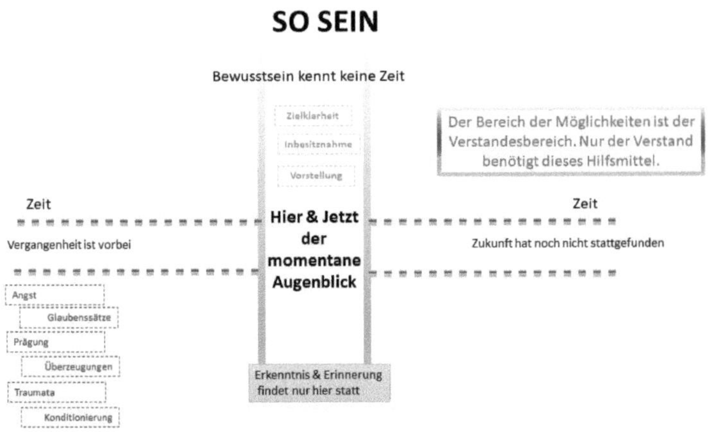

Der Moment, wo Zeit keiner Rolle spielt, ist jetzt. Zeit ist für das Ego ein wichtiges Orientieren. Immer im Jetzt verursacht man seine Zukunft. Es ist ein großer Unterschied, ob man Ärger oder gute Stimmung mit in den nächsten Moment nimmt.

Der globale Umbau ist im Gange

Die Weltenbühne wird gerade umgebaut.

Damit ist nicht der Great-Resett „Der große Neustart" aus dem Mainstream gemeint, sondern das, was im unsichtbaren Kosmos geschieht, die Bewusstseins-Anhebung-Befreiung.

Die Menschheit lebt aktuell am Ende ihrer pubertären Zeit. Vergleichbar mit dem Ende des 14. Lebensjahres, wo sich das Erwachsenendasein einstellt.

Es ist das Zeitalter, wo jeder erwachsen Mensch in seine Souveränität kommen soll, seiner Selbstverantwortung sich bewusstwerden und nicht mehr in der Abhängigkeit verweilen soll.

Klar kann jeder, der möchte, in seinen gedanklichen Mustern, festen Programmen und Gewohnheiten hängen bleiben. Besser wäre es, all dieses in Frage zu stellen. Dinge, die für uns unbemerkt im Wege stehen, wenn es darum geht, die Dinge klar zu erkennen.

Hierzu wird von jedem eine Portion Mut gefordert aber auch eine Bereitschaft, sich selbst aus dieser kindlichen Welt zu verabschieden, die die Grundlage für all das bietet, was wir momentan für jeden beobachtbar wird und sich als Chaos zeigt.

Das kindliche Verhalten der meisten Menschen, das Gläubige nicht Fragen stellen (nicht Religion gemeint, obwohl das auch dazugehört), gleichzeitig der Ruf nach Lösungen, die dann von Seiten der Regierungen, oder von Seiten der Autoritäten, manipulativ gegeben werden. Das ist ein typischer kindlicher Ansatz.

Gerade aktuell werden wir mit einem gehörigen Tritt durch die energetische, anhebende Veränderung aus der Kinderwelt herausgeschubst.

Einige Menschen, immer noch zu wenige, haben sich bereits anschubsen lassen, und einige haben es bereits erkannt, was hier grundsätzliches geschieht.

Dennoch bewahren wir uns immer noch viele kindliche Eigenschafften.

Es ist immer noch so, dass Menschen bestimmte Vorgabemodelle nicht in Frage stellen, die aber in Frage gestellt werden müssen, damit uns überhaupt dieses Gesamtkonzept klarer wird. Wir leben in der Art und Weise wie es menschlich aufgebaut ist und wie wir behandelt werden. Veränderung sind angebracht zu erkennen, wie wir selbst aus dem Leben handeln, ohne diese uns bekannten Ideologien. Religionen wirken stark in das autoritäre Angstsystem.

Alles zu hinterfragt und zu verstehen ist der Grundsatz. Wir werden nicht nur behandelt wie Kinder, wir agieren auch wie Kinder. Das muss sich dringend ändern, wenn wir dem, was uns wichtig ist, unsere Freiheit, erlangen wollen.

Jeder muss und kann das nur für sich selbst tun!

Man kann nicht einem anderen etwas bewusst machen. Die Bewusstseins -Befreiung kann nur in jedem selbst stattfinden. Sonst ist es keine Freiheit.

Es lassen sich lediglich Impulse weitergeben. Impulse, die gut geeignet sind, entsprechend Fragen zu stellen, Praktizieren der momentanen Achtsamkeit zum Erkennen, und um selbstständig zu denken.

Das ist ein zentraler Schlüssel.

Der so beschworen „Great-Resett“ im Mainstream, findet im Außen statt und wird von den Autoritäten indiziert.

Du solltest für dich den von dir initiierten „Selbst-Resett“ durchführen. Gib dir selbst den Anstoß, die Aktion der Klarheit für dich in die Wege zu leiten.

Durch Klarheit wird die Wahrheit sichtbarere und nur der Geist der Wahrheit macht dich frei.

Es gibt viele Wege. Einige findest du hier und auf meiner Website im Blog oder mit Hilfestellung im Coaching.

Es ist eine Investition in dein Leben ohne jedes Risiko.

Ergründe, erforsche den eigenen Standpunkt, mit den Fragen:

"Wer bin ich", "Woher komme ich", "Wohin will ich"???

Beim Beginn des Selbst-Resett, ist zuerst der momentane eigene Standpunkt zu erforschen. Unsere Vorstellungen und Wünsche in der Welt sind ein Blick durch die Illusion. Diese zu durchschauen ist der Beginn, die Verschleierung der auf Sand gebauten Lügen zu durchdringen. Die aktuelle Zeit ist bestens dazu geeignet, wirklich zu erkennen. Erkennbar dadurch, dass wir an den Stellen, an denen wir uns besonders über die Geschehnisse aufregen, genauer hinblicken, ob da vielleicht nicht immer noch eine kindliche Vorstellung besteht, bezüglich dem, wie es eigentlich sein sollte.

Wenn nicht ein signifikanter Teil der Menschen bei einem neuen menschenwürdigen den Gesetzmäßigkeiten dem Kosmos folgendem System mitmacht, denen wird wieder ein System der Autorität übergestülpt. Zur Info, die soziale Dreigliederung, die einige neue kleine Parteien im Programm haben, ist dabei die würdigste Form, des künftigen Zusammenlebens. Bekannt seit 100 Jahren aber den Polit-Systemen nicht dienlich. Die Elite könnte dann nicht weiter an den Fleischtöpfen zehren.

Was wir verstehen sollten, ist, dass unsere Vorstellungen und Wünsche eben schon lange nichts mehr mit der Wirklichkeit zu tun haben. Das, was wir sehen können, sind die Fakten, die sich deutlich ausdrücken und deutlich zeigen. Wir sind sehr stark in bestimmten Programmen gehalten und gefangen, die es uns erschweren, wirklich klar zu sehen.

Das tiefgreifende Hinterfragen ist der beste Beginn, wenn auch teilweise etwas schmerzlich, wenn es um die eigene Geschichte geht.

Der Prozess der Bewusstseinsbefreiung ist ein individueller und eigenständiger Prozess in uns selbst. Ein Impuls von außen kann ziemlich herausfordernd und für bestimmte Momenten schwer verdaulich sein.

Dazu verfügst du auch noch über das Bauchgefühl, was man als Instinkt bezeichnet. Das gehört zum Körper. Der Körper sagt dir, was erbraucht. Esse mal Süßigkeiten, oder trinke mal… usw. Der Körper teilt so unterschiedliche Dinge dir mit. Das ist wichtig, weil der Körper seine eigene Realitätseben hat. Das ist der Instinkt, der dafür sorgt, dass der Körper sicher ist. Das ist das Bauchgefühl bzw. Botschaften vom Körper, aber nicht die Intuition.

Die Intuition ist das, was du generell fühlst, wo du sozusagen von deiner Seele (Ätherkörper) einen Impuls bekommst, nach links oder rechts zu gehen, jemanden anzurufen, irgendetwas mitzumachen, sich zu etwas anmelden, was auch immer. Das sind Impulse, die durch die Seele kommen. Das sind oftmals die, wo du dich anstrengen musst, nach dem Motto: Oh Gott, muss ich das jetzt machen.

Das ist jedoch das, was dich aus dem ganzen Kreislauf herausbringt. Dabei kommt das Herz-Chakra zum Tragen, denn über das Herz-Chakra sind wir mit der Urquelle verbunden. Das ist dein Schöpfertum. Da kommt pure Liebe heraus mit der wir im Prinzip tanzen.

Wenn das Leben spielt und du dessen Abläufe nicht kennst

Die Entscheidungsebenen kommen über die Seele, die Intuition, aus dem Instinkt von dem Körper oder der Verstand, das dazu mischt, was er gelernt hat.

Ein Problem dabei ist, dass wir das, was wir gelernt haben, nicht sonderlich positiv ist. Der Verstand ist immer auf Gefahren ausgerichtet, was ja einerseits nützlich ist. Er kann nicht fehlerfrei wahrnehmen, was wirklich kein Schöpfertum für das Leben ist. In diesem Fall ist das Bewusstsein verlässlich und fehlerfrei. Alles, was der Verstand kann, kann das Bewusstsein auch nur fehlerfrei.

Wie schön wäre es, wenn man das in den ersten 14 Jahren lernen würde, dass man sich erstmal entdeckt und dann auch an sich selbst arbeitet und dann mal mitbekommt, wer bin ich eigentlich, weil ja jeder Mensch komplett anders ist.

Als Folge dann, dass das "Ich" sich erweitern kann; ENT- WICKELN!

Danach dann die Selbstverantwortung lernen, die sich zu diesem Zeitpunkt gerade in eine andere Richtung formt. Wir lernen stattdessen, alle die anderen verantwortlich zu machen.

Der Schritt wäre der, die eigene Souveränität zurückzubekommen oder die Würde des Menschen in natürlicher Form leben zu können. (Das Grundgesetz schreibt vor, dass die Würde des Menschen unantastbar ist. Das bedeutet, dass niemand die Würde eines anderen verletzen darf. Mit verletzen ist nicht nur schlagen, schubsen und prügeln gemeint. Davon haben wir uns momentan etwas entfernt).

Als Lohn hätte jeder dann Freiheit, Individualität und Selbstverantwortung.

Zur klaren Wahrnehmung der Impulse ist die reine Wahrnehmung durch den Beobachter gemeint. Diese lässt sich durch das Stärken der momentanen Achtsamkeit erreichen.

Reine Wahrnehmung ist Sache des Bewusstseins. Der Verstand bringt immer eine Bewertung mit ein.

Spiritualität - alles andere ist nur Fassade!

Was betrachte ich unter spirituell?

Die traditionellen Wortbedeutungen bezieht sich auf einen inneren, spirituellen Erkenntnisweg, etwa synonym mit Mystik, oder auf ein „höheres", „absolutes" Wissen.

Es ist nach meinem Standpunkt der rein geistige Aspekt unseres Soseins. Was bedeutet, wir sind nicht nur das Gehirn, das denkt. Soweit die Basis, die sich auch neurologisch feststellen lässt, dass das Bewusstsein sich nicht im Gehirn zu finden ist. Neurologen können kein Areal feststellen, wo Gedanken erzeugt werden, in der Form, dass auch Erinnerung ein Be- oder Unterbewusstsein in irgendeiner Form im Areal erkennbar ist. (Nur eine Darstellung, dass auch die Skeptiker und rationalen Denker sich einfinden und erkundigen können)

Der spirituelle Aspekt ist nichts weiter als der geistige Aspekt. Wir beobachten unsere Gedanken und stellen fest, was wir denken. Im Alltag beobachten wir nicht regelmäßig unsere Gedanken. Wir denken trotzdem. Wir handeln auch. Aber wir beobachten nicht unsere Gedanken. Wir hinterfragen dadurch meist nicht.

Wenn eine spontane Handlung aufkommt, die uns scheinbar in den Kopf kommt, dann kommt die nicht von irgendwo her, dann kommt sie aus unserem Bewusstsein und nicht aus unserem Gehirn. Unser Gehirn ist wie ein Rechner, ein Automat aber nicht die Software. Die Software ist der geistige Aspekt, das Gehirn ist praktisch der Computer.

Wenn wir anfangen unsere Gedanken mehr zu beobachten, in dem Sinne, dass wir uns Zeit nehmen, und uns fragen, was habe ich denn jetzt eigentlich gedacht, dann werden wir oft erkennen, dass viele Gedanken, Steuerung über das Ego, somit der Wahrnehmung von Angst, Gedanken suggeriert, die wir in unsrem Geist verarbeiten und dann dementsprechend auch Handeln.

Genau dies nehmen sich die Eliten, denen diese Funktion bekannt ist und die anderen Menschen kontrollieren und manipulieren wollen, vor, steuern und manipulieren darüber die Massen der Menschen.

Durch Suggestion von Angstinformationen lassen sich die Menschen in bestimmte Situationen drängen, in die sie sich sonst nie freiwillig begebene würden. Sie tun es aber nicht wirklich freiwillig, weil die Gedanken, die sie denken, über gezielte Informationen suggeriert werden. Dann tun sie das, mit dem Glauben, sie tun es aus Überzeugung, aber letztlich ist es die Angst.

Wenn du Gedanken kontrolliert bewusst denkst, nicht einfach die Gedanken aufnimmst und dementsprechend handelst, dann hast du schon ein Großteil deiner Souveränität zur Kenntnis genommen, denn die wäre jetzt die, den Gedanken erstmal zu hinterfragen.

Bespiel: (Du nimmst, ohne weiteres zu hinterfragen, nur weil man es dir suggeriert, einen Impfstoff auf und stellst erst im Nachhinein fest, das war nicht so eine großartige Idee. Nur als Beispiel. Dann ist es deiner eigenen Souveränität geschuldet, die du nicht zur Kenntnis genommen hast. Darum ist der spirituelle Weg der, geistig sich erstmal vor Augen zu halten, welche dieser Gedanken stimmig sind und Macht haben, und nicht Gedanken einer Illusion/Täuschung sind. Der Gedanke ist real in dir vorhanden).

Ob er dann in der Essenz mehr einer Illusion entspricht, und gar nicht der Wahrheit entspricht, das weißt du umso weniger, je weniger du dich mit dem Gedanken auseinandersetzt.

Das Hinterfragen der Dinge basiert darauf, dass du deine eigenen Gedanken hinterfragst und nicht nur den Menschen, der dir den Gedanken suggeriert.

Erstmal musst du dich selbst hinterfragen, um zu sagen, aha, das wurde mir gerade gesagt, macht das Sinn?

Ist das so? Prüfe auf Stimmigkeit für DICH!

Oder macht das nur Sinn, weil die mir etwas erzählen, was für mich sinnvoll sein soll? Frage dich, woher habe ich die Information? Habe ich sie erfahren oder nur gehört, weil es jemand gesagt hat.

Am besten noch im TV suggeriert, mit einem Kommentar, der das alles für dich schön einordnet und dir nochmal sagt, wie du die Sache wirklich verstehen sollst. Damit soll dir suggeriert werden, dass das, was der Nachrichtensprecher gerade gesagt hat, für dich die Wahrheit ist.

Das nennt man indoktrinieren!

Das bedeutet, unser Geist ist dann nicht mehr souverän!

Du selbst bist dann nicht mehr souverän.

Je mehr man dich mit Gedanken vollstopft umso mehr hat man dir deine Souveränität genommen.

Dafür ist die spirituelle Lehre, dich selbst zu hinterfragen, um zur eigenen Souveränität zurückzufinden.

Erkenne, dass wir in einem Informationskrieg leben. Dass die Geschichte ein Informationswaffe ist. Da helfen nur ein präzises Erforschen, Hinterfragen und exaktes Prüfen der Angaben und deren Herkunft. Das ist eine Aufforderung und Bedingung, um sich der Wahrheit zu nähern. Die Bibel ist zu hinterfragen wie eben auch alle Nachrichten. Das kann man keinem Menschen abnehmen.

Wichtigen Fragen im Alltag können sein;

Wer hat von den Informationen/Propaganda, Manipulation einen Nutzen?

Wie ist der Fluss des Kapitals?

So zeigen sich plötzlich Wege auf.

Illusion - Hinterher weiß man immer mehr

Erst wenn eine Illusion durchschaut ist, weiß man mehr.

Was sagt der Begriff aus?

Illusion, das auf lat. illūsio 'Verspottung, Ironie, Täuschung, eitle Vorstellung' beruht, zu lat. illūdere 'mit, auf etw. spielen, sein Spiel treiben'.

Im engeren Wortsinn ist eine Illusion eine falsche Wahrnehmung der Wirklichkeit. In einem weiteren Wortsinn werden auch falsche Interpretationen und Urteile als Illusion bezeichnet.

Illusion ein Fremdwort richtig verstehen.

Illusion, Irrealität, Imagination, Kopfgeburt, Fantasie, Fantasiegebilde, Fiktion, Vorstellung, Erfindung, Wunschvorstellung, Luftschloss, Luftblase, Theorie, Spekulation, Vision, Fata Morgana, Phantom, Utopie, Traum, Traumgebilde,...

Anwendung der Illusion!

Schon über 1000 Jahre v Chr. Geburt war die Anwendung der Täuschung bekannt. Grund dafür, dass einige Menschen es verstanden haben, die Spiritualität als Machtinstrument einzusetzen. Früher hatten die Menschen eine tiefere spirituelle Anbindung. Erst im 1500 Jahrhundert wurde der Materialismus langsam wach. Neben den geistigen Gesetzen entdeckten die Menschen durch die Physik die Bedingungen, mit der durch die physikalischen Gesetze wiederholbare Gegebenheiten abgeleitet werden konnten. Als entdeckt wurde, dass die Erde eine Kugel und keine Scheibe ist, wurden die Entdecker verfolgt, weil die sogenannte Elite Angst hatte ihre Macht zu verlieren. Und so ist es bis heute. Wenn Gesetze durchschaut werden, wenn Systeme und Ideologien durchschaut werden, die von den Architekten der Macht-Elite geformt wurden, dann wird den Entdeckern sofort mit staatlicher Gewalt gedroht.

Den Architekten des momentan herrschenden Systems wurde mehr und mehr klar, dass immer mehr Menschen beginnen zu Hinterfragen. Durch das Hinterfragen verliert die Illusion ihren Schleier.

Man kann die Wahrheit verleugnen, aber nicht verhindern!

Ein Umdenken findet in der Welt statt, die Skepsis wird immer größer und das Nachfragen und Hinterfragen wird immer intensiver, egal was man uns im Narrativ erzählet. Hier wird das Feld immens groß und jeder hat die Aufforderung sich selbst darum zu bemühen, sonst bleiben es nur warme Worte ohne Nachhall.

Der Erste und wichtigste Schritt!

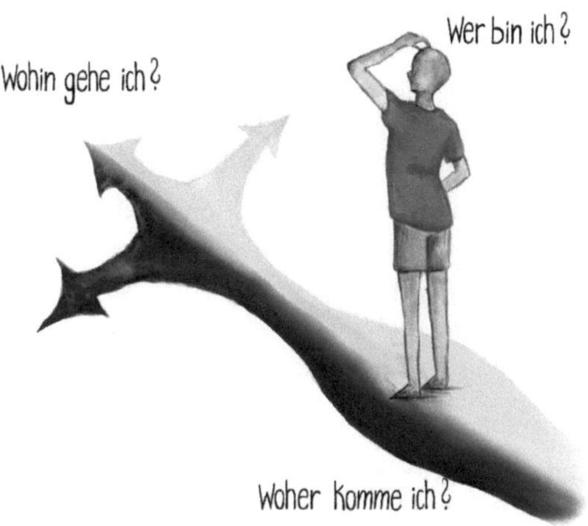

Der Anfang für ein wacher werden ist, sich selbst zu hinterfragen?

Wer bin ich?

Woher komme ich?

Wohin gehe ich?

Für die erste Frage „wer bin ich" hat mich, als ich das erstmals damit konfrontiert wurde, etwas eigenartig gestimmt. Heute kann ich mit Fug & Recht behaupten, wenn das mal klar ist, ist der Rest kinderleicht. Denn danach hat man den entscheiden Bewusstseinssprung gemacht. Alle wesentlichen Veränderungen geschehen sprunghaft.

Dennoch ein Hinweis auf die Überschrift.

Wenn du beginnst zu hinterfragen, dann nimm dir etwas Zeit an einem ruhigen Ort und beobachte deinen Körper. Schließe dazu die Augen und scanne den Körper in aller Ruhe ab.

Mache dann das Gleiche mit deinen Gedanken. Nur beobachten, ohne zu werten.

Und als dritte Station beobachte auch deine Gefühle. Nur beobachten, ohne zu werten.

Nach dieser Erfahrung nutze deine Logik.

Beantworte dir die Frage: Wenn ich etwas beobachte, dann habe ich es. Oder?

Wenn ich etwas beobachten kann, dann kann ich es nicht SEIN. Oder?

Jetzt kann dir bewusstwerden, dass du die Dinge, die du hast, du nicht sein kannst!

Wenn du in die Garage gehst, dann hast du dort ein Auto, wirst aber nicht zum Auto. Es ist der fahrbare Untersatz, mit dem du dich durch die Welt bewegst.

So auch mit deinem Körper oder deinen Gedanken und Gefühlen.

Diese Identifikation, die du in den ersten Lebensjahren gelehrt wurdest, nutzt du heute immer noch. Das Ganze wird durch ständige Berieselung der Medien, Politiker und der Werbung, nicht zuletzt aus deinem Umfeld, dir permanent suggeriert.

Dieser erste Schritt ist der wichtigste zu Beginn, sonst wird es schwierig, die Illusion zu erkennen und zu durchschauen.

Selbsterkenntnis war schon immer der beste Lernerfolg. Erkennen und Erfahren führt zum Wissen, sonst bleibt es nur ein Glauben.

Immer noch sagen einige Menschen in meinem Umfeld, ich glaube nur, was ich sehe.

Es ist aber umgekehrt, sie sehen nur, was sie glauben.

Desillusionierung sprengt die selbsterrichteten Bewusstseinsgrenzen und lässt dich die Bewusstseinsbefreiung erleben.

Kurzfassung der wichtigsten kosmischen Gesetze

Vielleicht hast du die Muse, Lust oder Zeit, die Gesetze für DICH zu nutzen. Hier eine Hilfestellung, die dein Leben sehr positiv beeinflussen kann.

Das Gesetz von Ursache und Wirkung

Was du anderen tust, das tust du dir selbst.

Das Gesetz des Wachstums.

Wenn du etwas verändern willst, fange bei dir selbst an.

Das Gesetz der Bescheidenheit.

Übersehe nicht, was du schon hast. Akzeptiere das Leben so, wie es jetzt gerade ist.

Das Gesetz der Schöpfung.

Nichts in deinem Leben passiert zufällig. Alles, was zu dir kommt, das ziehst du an. Was nicht zu dir kommt, das stößt du – un-bewusst - ab.

Das Gesetz der Verbindung.

Alles in deinem Leben hängt mit allem zusammen. Nichts ist bedeutungslos. Werde selbst achtsamer.

Das Gesetz der Verantwortung.

Du kannst im Leben nur das Verändern, wofür du auch die Verantwortung übernimmst.

Das Gesetz des Hier und Jetzt.

Fühle dich nicht gebremst von alten Demütigungen, Niederlagen von all den schmerzlichen Stunden. Sonst kannst du nicht sehen was vor dir ist. Lass deine Vergangenheit los, tauche ganz in die Gegenwart ein, nutze und genieße jeden neuen Tag.

Das Gesetz des Gebens und der Gastfreundschaft.

Es ist nicht das Geben, es ist das Nehmen. Wenn andere etwas Gutes tun, geht es uns selbst auch gut. Sei freundlich zu anderen, dann ist das Leben auch freundlich zu dir.

Das Gesetz der Einstellung.

Rein deine Einstellung bestimmt, ob du dein Leben als gut oder als schlecht empfindest.

Das Gesetz der Geduld und Belohnung.

Alles Gute was du tust, was du in die Welt hinausgibst, wird belohnt und das kommt zu dir zurück. Du brauchst die Geduld, die Belohnung auch wirklich abzuwarten. Tue Gutes, weil es dir guttut.

Das Gesetz der Bedeutung und Inspiration.

Bedenke, mit allem was du tust, veränderst du die Welt. Mache dir bewusst, wie groß dein eigener Einfluss ist. Teile viele positive Gedanken mit anderen Menschen.

Das Gesetz der Veränderung.

Stelle dir alles, was in deinem Leben geschieht, als eine sinnvolle Aufgabe vor, die für dich vorgesehen ist. Diese Aufgabe kommt so lange immer wieder auf dich zu, bis du die Aufgabe bewältigt hast. Erst dann ist eine Veränderung möglich. Reflektiere, welche Probleme sich in deinem Leben wiederholen und frage dich dann: Wie kann ich diese Aufgabe, die mir immer wieder gestellt wird, anders lösen?

Neue Ideen führen zu neuen Ergebnissen. Neue Fragen führen zu neuen Antworten.

Jeder Durchbruch im Leben, beginnt womit? Mit den richtigen Fragen!

Begrifflichkeiten hinterfragen schafft Klarheit

Ein Wort, ein Begriff ist eine Hülse, die mit Erfahrungen oder vermeintlichem Wissen gefüllt und im Mind gespeichert wird. Eine kurze Einführung soll zur Anregung dienen, die vielerlei Möglichkeiten des Mind im Ansatz zu erkennen.

Beginnen wir mit dem Beispiel „heiß“ als Begriff.

Sage dem Kind: „Vorsicht, der Topf ist heiß“; hat es eine leere Information. Fasst das Kind mit der Hand an den heißen Topf, erfährt dabei den Schmerz, ist die Worthülse heiß mit einer Erfahrung gefüllt. Eine Erfahrung hat sich mit dem Begriff verknüpft. Das geschieht immer und das ganze Leben lang. Schmerzliche Erfahrungen brennen sich im wahrsten Sinne des Wortes ein. Ein wichtiges Beispiel dafür sind Traumata, besonders in der Kindheit.

Damit nicht bei jeder Aktion des Menschen, das bereits Bekannte neu gelernt werden muss, hat der Verstand die Eigenschaft zu verzerren, zu verallgemeinern und zu löschen. Ist das erst einmal bekannt, lässt es sich etwas leichter verstehen, welche Möglichkeiten vom Verstand erledigt werden können.

Daher der Sprung in den Moment, wenn verstanden wurde. (Bewusstwerdung)

Wenn einmal verstanden wurde, was eine Tür ist und wie diese Funktioniert, kann der Mensch auf diese Information zurückgreifen, wenn er eine Klappe mit Griff sieht. Ob das nun eine Tür, ein Fenster, oder die Tür sich am Schrank oder Safe befindet, ob man nach links oder rechts öffnet, ist sofort klar, worum es sich hier handelt und was man damit tun kann.

Oder, solange ich nie eine Erdbeere gesehen und gegessen habe, kann ich dem Begriff Erdbeere keine wirkliche inhaltliche Zuordnung geben.

Wir nehmen mit unseren Sinnen wahr und fügen dann Erfahrungen hinzu. Haben wir keine Erfahrung, nutzen wir gerne den Glauben. Wir glauben einem Menschen. So haben wir es in der Kindheit erfahren. Mama weiß, wie das geht, oder Papa kann mir zeigen, wie es funktioniert. Wir lernen dabei, dass wir durch das Glauben nicht jeder Erfahrung selbst machen müssen. Ein großer Vorteil für das Lernen.

Wie immer hat alles bekanntlich alles zwei Seiten.

Jeder Mensch hat die Gabe viel und schnell zu lernen. Mit der Eigenschaft, dem Informant Glauben zu schenken, werden Geschäfte in großem Umfang gemacht. Die Werbung ist ein reines Glaubensbekenntnis.

Wenn es der Herr Professor sagt, dann muss es wohl stimmen. Wenn es der Herr Doktor sagt, ist es doch richtig. Was der Papst sagt, ist unfehlbar, er ist ja der Vertreter von Gott fürs Kind. Und da wir Gott anscheinend nicht sehen können, glauben wir seinen Regierungssprecher.

Wir glauben, was uns der Nachrichtensprecher vermittelt. Hinter jedem Werbespot steckt ein Nachrichtensprecher. Es ist bequem und unterhaltsam, diesen Machern zuzuhören und zuzuschauen, wie sie uns Unterhalten.

Achtung! Unterhalten beutet unten halten. Wen halten sie unten? Unseren Mind. Er hat es in der Kindheit oft so gelernt, wenn ich etwas nicht kenne und weiß, dann glaube ich dem, der es anhand des eigenen Begriffes der *Autorität* zuordnet.

Die Medien haben hier ganze Arbeit geleistet.

Radio ein, TV ein, Printmedien herholen, PC, Smartphone und was sonst sich alles auf dem Markt tummelt, dem wird Glauben geschenkt.

Denn, man hat der breiten Masse suggeriert, so bist du mit der großen weiten Welt verbunden.

Für den Mind eine wunderbare einfache Sache zu lernen und so, der Glaube, immer größeres Ansehen zu erlangen. Hier ist die große Abhängigkeit versteckt.

So wurde im Laufe der Jahre immer mehr verwässert und das Hinterfragen als Dummheit deklariert. (wieder ein Glaubenssatz) Kleine Kinder sind von Natur aus wissbegierig und wollen lernen, bis sie teilweise vom System gebremst werden. Das staatliche Schulsystem liefert die besten Beweise.

Das wird wieder geglaubt. Begrifflichkeiten werden so durch Glauben und wieder glauben und wieder glauben derart verdünnt, dass kaum noch wahre Substanz in der Hülse des Begriffes zu finden ist.

Das waren bisher nur Objekte. Doch wie sieht es erst aus, wenn wir Gefühle und Emotionen in die Wertung mit einfließen lassen. Da potenziert sich das Ganze um ein Vielfaches.

Positiv daran ist, wir können es sinnvoll nutzen. Voller Sinne! Also unsere Sinne dazu nutzen, und das Wahrnehmen was wirklich ist.

Als Erstes hat jeder Mensch die Fähigkeit, seine momentane Achtsamkeit zu stärken.

Als Zweites kann jeder sich darin üben, zu hinterfragen, ehrlich zu sich selbst, akribisch und vor allem auch nachhaltig.

Damit wird der Boden für Lebensfreude und Lebensqualität aufbereitet. Nicht mehr, aber auch nicht weniger.

Das Rad zurückdrehen kann niemand. Aber das Rad als leichtere Lebenshilfe zu nutzen, dazu ist jeder befähigt.

Das hat der Mensch davon!

Der Gewinn an innerer Stabilität nimmt zu.

Hypothetische Ängste verlieren ihre Wirkung.

Schuldgefühle gehören der Vergangenheit an.

Die eigene Berufung tritt zu Tage.

Die leise Stimme des Herzens wird hörbar.

Meist folgt auch noch ein gesünderes Leben mit mehr Wohlbefinden. Denn nur die Wahrheit kann heilen.

Es ist nur selbst zu erfahren, dass wir aus unserer Kinderwelt langsam, aber sicher aussteigen sollten, wenn wir nicht unter das Rad kommen wollen. Diesen Schritt muss man selbst tun. Lesen hilft bedingt, weil schon Begriffshülsen mit Halbwahrheiten gefüllt sind.

Hier ist das Zitat von Matthäus stimmig:

„Wahrlich, ich sage euch, wenn ihr nicht umkehrt und werdet wie die Kinder, so werdet ihr nicht in das Reich der Himmel eingehen". (Meine beiden Enkel haben mich daran erinnert. Danke den BEIDEN dafür)

Das bedeutet nicht, dass jeder kindisch werden soll. Sondern heraus aus dem Kindesalter und wieder Staunen lernen, lieben lernen, sich selbst vertrauen lernen. Die beiden Seiten vom Leben in sich zusammenführend erkennen. Erkennen, dass es noch nie getrennt war. Oder anders ausgedrückt, die Täuschung der Trennung erkennen. Die Illusion als Spielzeug der Wahrheit erkennen.

Deine energetische Signatur

Die energetische Signatur ist deine Ausstrahlung, deine Erscheinung, deine Frequenz, die von der Welt aufgenommen wird. Es ist das Bewusstsein - das Sosein - einschließlich dem Verstand mit allen Informationen, die sich im Laufe des Lebens angesammelt haben und aufgrund der Informationen aus dem Umfeld gespeichert wurden.

Dies macht den Menschen zu seiner erscheinenden Persönlichkeit. Alles, was zu Erscheinung der Persönlichkeit geführt hat, ist durch jeden selbst entstanden und kann daher auch nur von jedem selbst geändert werden. Im natürlichen Zustand ist es immer eine sympathische gewinnbringende Erfolgspersönlichkeit. Tritt etwas anderes in Erscheinung, sind dies Abweichungen von der Natürlichkeit, oder ein karmisches Erscheinen. Dazu ist es erforderlich, das eigene Weltbild anzuschauen, überprüfen und vergleichen, um gegebenenfalls zu vervollständigen.

Das Weltbild, von Deman Benifer, ist ein Abgleich zwischen Wirklichkeit und Realität.

Die Realität ist das Produkt des Verstandes. Wahrnehmung erfasst die Wirklichkeit. Wirklichkeit ist das, was wirkt. Die Realität ist das, was bewirkt wurde.

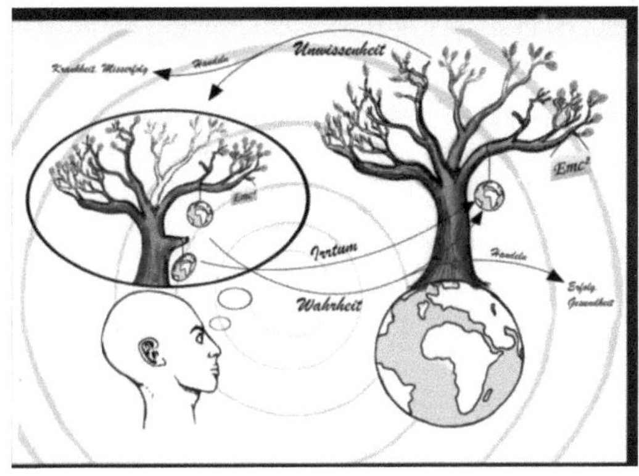

Du hast immer die Möglichkeit, deine energetische Signatur in jedem Augenblick zu verändern. Das geschieht innerhalb der momentanen Achtsamkeit.

Jeder kann sich dessen bewusstwerden und dadurch auch wählen, was wünschenswert ist.

Der Zugriff ist jedem möglich. Mit der willentlichen eigenen Einstellung ist es einfach, mit einem vorhandenen Leidensdruck etwas schwieriger.

Stelle Dir einmal vor, wie du dich fühlen würdest, wenn du so wärst, wie du es gerne in allen Lebensphasen hättest, so richtig begeistert. In welcher Situation du gerne wärst. Erlebe das im Jetzt, in diesem Moment und ganz bewusst.

Verbinde diese Vorstellung, die allein noch nichts bewirkt, es ist ja nur eine Vorstellung, mit einem starken Gefühl der Dankbarkeit und Freude.

Deine gefühlte Dankbarkeit und Freude verursacht das, wofür du Dankbar bist.

Verbinde einmal ein starkes Wohlgefühl mit deiner Beziehung.

Mache das Gleiche mit deiner Gesundheit, deiner Tätigkeit, deinem Erfolg, deinem Wohlstand.

Wichtig ist es, dass du es richtig fühlst, sonst erlebst du nur die Vorstellung.

Die Vorstellung ist wichtig, so sagst du dem Leben, so hätte ich es gerne.

Eine Vorstellung ist ein leeres Gefäß, dass du dem Leben hinhältst.

Dieses Gefäß muss du er-füllen. Bezahlt wird mit deiner gefühlten Dankbarkeit und Freude, wie beim Einkaufen an der Kasse.

Das verändert deine energetische Signatur.

Übrigens, das lässt sich in der Bibel nachlesen, für den, der die Bibel nicht nur lesen, sondern auch verstehen kann, in Markus 11:24! „*Bittet um was ihr wollt (alles ist möglich), glaubt nur dass du erhalten hast, und es wird dir werden*“.

Das bedeutet, du musst es erst geistig in Besitz nehmen, dann wird es Teil deines Lebensfilms, und muss als deine erlebte Realität in Erscheinung treten.

Dies sind wesentliche Hinweise, die einen Einstieg und eine Betrachtung ermöglichen und damit den Anstoß geben, in das Thema „Sinn des Lebens" einzutauchen, Veränderungen einzuleiten. Der beste Zeitpunkt dafür ist immer Jetzt! Denn jetzt ist der Augenblick, der die Zukunft formt. Zum Lernen kann man niemanden zwingen, das muss man wollen.

Das Ergebnis dieser Prüfung deines Weltbilds bringt auch nach den neusten wissenschaftlichen Erkenntnissen der Quantenphysik das korrigierte Weltbild zum Ausdruck:
Nicht das materielle Weltbild schafft die Realität, sondern das Bewusstsein erschafft das Weltbild.
Diese Erkenntnis, die etwas Zeit am Anfang benötigt, löst die meisten der menschlichen Probleme.

Teil II Was für die Zukunft wichtig ist

Täuschung durchschauen

Das Symbol des Kreuzes lässt bei vielen Menschen, bedingt durch die Religion, einen kräftigen Eindruck, meist mit inneren Bildern und Emotionen entstehen. Das sei jedem Menschen auch selbst überlassen, welche Deutung er diesem Symbol gibt. Nimm dazu die Bibel her, dass am meisten gelesene und am meisten missverstandene Buch, weil hier das Schuldkonzept so interpretiert wurde, dass ein Machtinstrument entstanden ist.

Hier eine Darstellung, die auch der Bibel zu entnehmen ist, wenn diese richtig interpretiert und keine Personen damit verknüpft wird.

Die Horizontale Line beschreibt Vergangenheit und Zukunft. Es ist die Zeit-Linie. Die Linie, die uns auf dem Planeten Erde eine hilfreiche Orientierung gibt.

Die vertikale Linie, die für das erwachte Bewusstsein steht, weist auf den Augenblick hin. Die Aneinanderreihung von vielen Augenblicken ist der tägliche Ablauf.

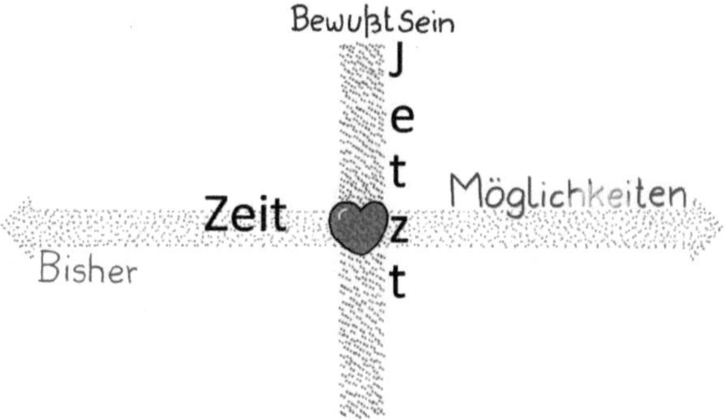

Genau hier liegt die Täuschung. Bewusstsein kennt im Gegensatz zum Ego, keine Zeit. Bewusstsein ist ewig oder immer JETZT.

Das zu behaupten ist eine Sache, das Überprüfen dieser Darstellung das, worum es hier geht.

Das bedeutet, du musst es wirklich wollen, denn dies ist der erste Schritt zur wirklichen Wahrnehmung. Nur wer erkennt, dass er in einer Täuschung oder Illusion lebt, kann diese bei sich ändern. Es ist der Beginn des Weges zu dir selbst.

Du wirst schnell erkennen, dass Bewusstseinsbefreiung kein zeitliches Problem ist, sondern nur ein Erkennen. Bewusstsein läuft immer und ständig im Hintergrund und ist durch das Ego verhangen.

Um das obige Bild zu ergänzen, Bewusstsein ist die Leiter der Bewusstseinsbefreiung, auf dem vertikalen Strang.

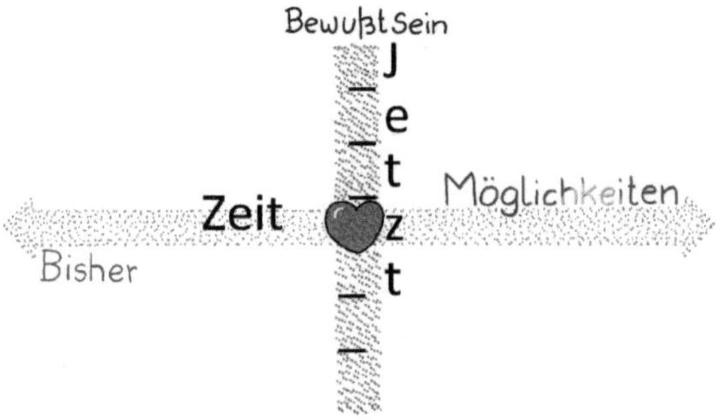

Das Jetzt beinhaltet die Bewusstseinsleiter zum Erwachen. Diese Veränderung in die Vertikale ermöglicht das bewusste Wahrnehmen ohne den Schleier des Ego's!

Wenn du im Hier und Jetzt bist, also bei deiner Wahrnehmung, dann bist du bei deinem Selbst, oder im wahren Bewusstsein. Das Ego findet in diesem Moment keine Beachtung.

Wer schon länger hier ist, der kennt die Hinweise zur momentanen Achtsamkeit. Auf der Website ist die Anleitung schrittweise beschrieben.

Wozu das Ganze?

Du kannst es freiwillig tun und Freude dabei empfinden, oder warten bis es kosmisch geschieht. Das kann dann sehr viel Leid mit sich bringen. So ist es jedem seine

Entscheidung oder wie man so schön sagt, jeder hat seinen freien Willen, freien Geist!

Auch hier lässt sich die Bibel wieder zitieren: »*Und ihr werdet die Wahrheit erkennen, und die Wahrheit wird euch frei machen.*« Johannes 8,32

Benötigt man dazu eine Methode?

Im Grunde nicht, jedoch ist bei 99% derer, die sich dazu entschließen, sehr hilfreich.

Welche Methode benötigt man dazu?

Das spielt keine Rolle. Ich nutze die momentane Achtsamkeit, weil diese sich in jeder Lebenslage als gute Hilfe zur Verfügung steht. Zusätzlich ist die eigene Logik dabei auch sehr hilfreich.

Was wird sich verändern?

Bei der Praktizierung der momentanen Achtsamkeit verändern sich deine Glaubenssätze, dein Weltbild, deine Gewohnheiten, deine Überzeugungen und vor allem deine Emotionen.

Das Besondere ist, du brauchst keine neuen Informationen, sondern nur den Schleier fallen lassen, um zu erkennen, wer du wirklich bist.

Die leichteste Hilfe dazu ist, dich so zu hinterfragen, was du bist und was du nicht bist. Auch dazu gibt auf meiner Website hinweise.

Des Weiteren könne ein paar Stunden Coaching mit telefonischer Nachbetreuung, jedem der beginnt, oder jedem, der sich verfangen hat und keine Fortschritte erzielt, eine Unterstützung hilfreich sein.

Beginne alles zu hinterfragen, auch das, was ich hier schreibe.

Erkenne wer du wirklich bist. Stelle dir die Frage: „Wer bin ICH" so lange, bis eine klare Antwort kommt, oder die Klarheit in dir aufleuchtet. Zu Beginn hatte ich auch über diese Frage geschmunzelt.

Bis heute kennen ich keine bessere Frage. Auf sandigem Boden steht kein Gebäude stabil.

So kannst du die Leichtigkeit in dein Leben ziehen! Freude und Gesundheit folgen.

Es benötigt dazu nur deine Bereitschaft, etwas Mut und jeden Tag ein paar Minuten Investition zum Praktizieren.

Polarität versus Dualität

Polarität und Dualität ist nicht dasselbe.

Die Zweiheit ist nicht einfach „eins". Die Zweiheit muss differenziert betrachtet werden, denn es gibt zwei Arten von Zweiheit: Polarität und Dualität. Was ist der Unterschied?

Diese Begriffe sollten nicht gleichgesetzt werden, denn sie sind nicht Synonyme. Polarität enthält den Begriff „Pol": Elektrizität besteht aus zwei Polen, die nicht zu trennen sind und sich gegenseitig bedingen. Ebenso hat eine sich drehende Kugel zwei Pole. So wird klar, dass gleichwertige Gegenteile gemeint sind, wo es kein Gut und Böse gibt - im Gegensatz zur Dualität, die entsteht, wenn ein natürliches Gleichgewicht gebrochen wird. Polarität bedeutet sowohl als auch, Dualität bedeutet entweder – oder. So lässt es leicht gedanklich erfahren.

Polarität ist die Zweiheit von gleichwertigen, sich gegenseitig ergänzenden Polen, gründend im natürlichen Gleichgewicht der göttlichen Ordnung. Polarität ist das Grundprinzip der göttlichen Schöpfungsdynamik und ist Ausdruck der ursprünglichen Harmonie der materiellen Welt. Beispiele für Polarität sind: maskulin und feminin, Raum und Zeit, Ursache und Wirkung, Subjekt und Objekt, „positiv" und „negativ", Schöpfung und Auflösung, Sonne und Mond, Ein- und Ausatmen usw.

Dualität ist die Zweiheit von gegenteiligen, sich gegenseitig ausschließenden Gegensätzen, die verursacht wird durch Spaltung und Einseitigkeit im Denken, Fühlen und Handeln. Dualität entsteht, wenn jemand den göttlichen Mittelweg verlässt und das in der Schöpfung angelegte Gleichgewicht bricht. Dies geschieht aufgrund einer spaltenden Kraft, wobei „spaltend" die gleiche Bedeutung hat wie „diabolisch" (von grch. dia-bállein, „durcheinanderwerfen; entzweien, verfeinden; verleumden", Duden Herkunftswörterbuch). Das Gleichgewicht kann man immer auf zwei Seiten verlieren, weshalb das Spaltende, das „Böse", doppelsichtig ist und zwei Aspekte hat: das Zuviel und das Zuwenig.

Wenn man Dualität und Polarität gleichsetzt, führt dies zum Trugschluss, Gut und Böse seien nicht zu trennen, so wie bei der Elektrizität, der eine Pol nicht von dem anderen zu trennen sei. Dies jedoch ist ein Irrtum, der einer Verwechslung der Ebenen entspringt. Man kann das Ein- und Ausatmen oder die zwei Pole der Elektrizität (= Polarität) nicht mit Gut und Böse (= Dualität) gleichsetzen. Gut und Böse sind nicht gleichwertige Pole der Polarität, sondern gegensätzliche Aspekte der Dualität.

Verabsolutierung der Einheit "Alles ist eins" ist ein Kernsatz der Esoterik und des ganzheitlichen Denkens. Die Erklärungen, die dazu gegeben werden, sind jedoch oftmals unklar und diffus, manchmal sogar diametral verschieden, je nach dem Weltbild, dem die jeweilige Erklärung entspringt. Grundlegend zu unterscheiden sind die Erklärungen der atheistischen und der theistischen Esoterik (ich persönlich vertrete die theistische).

Obwohl „Atheismus" ein Kein-Gott-Glaube ist, wird nicht selten auch in der atheistischen Esoterik von „Gott" gesprochen. Gemeint ist damit eine absolute Einheit: ein abstraktes, neutrales Total von Energie, das weder Bewusstsein noch Willen hat. Dieser „Gott" ist bewusstlos und willen-los. „Dein Wille geschehe" (Mt 6,10) ist aus dieser Sicht ein unerleuchtetes Gebet, eben weil geglaubt wird, Gott habe keinen Willen. Diese Weltsicht, die die Einheit verabsolutiert, wird Monismus genannt. Der Wille Gottes wird durch jeden EINZELNEN zum Ausdruck gebracht, weil alles in dir ist. Dazu ist etwas Coachingzeit, oder entsprechende Literatur, hilfreich.

Einheit ist nicht gleich Ganzheit. Du bist ein individuelles Wesen, wie ein Welle auf dem Ozean. Die Welle ist individuell, aber nicht vom Ozean getrennt. Sonst wäre die Welle ein Portion Wasser. Möge diese Metapher dir hierzu hilfreich sein.

SoSein = ER-folg

Dieser Begriff - Erfolg - enthält das Gesetzt, von Ursache und Wirkung.

Erfolg ist etwas das er-folgt!

Damit Erfolg erfolgen kann, muss etwas vorausgehen, sonst kann es nicht erfolgen.

Das, was vorausgeht, bestimmt bereits das, was erfolgt. Daher auch der Satz: Sieger erkennt man am Start.

Klar, die Ursache bestimmt die Wirkung. Die Saat bestimmt die Ernte.

Man muss sich damit vertraut machen, dass mein SOSEIN eine permanente Ursache ist, und dass mein Schicksal die Folge davon ist.

Alles, was ich in meinem SOSEIN verwirklicht habe, dies er-folgt im eigenen Leben. So kann jeder auch seinen Er-FOLG erfolgen lassen und macht seinen Er-folg unvermeidbar.

Erinnerung

Es geht im Leben darum, sich zu erinnern, dankbar zu erinnern, dass alles wovon Du träumen könntest, bist Du längst. Du brauchst dich nur wieder zu erinnern. Das ist das faszinierende Abenteuer des wahren Lebens. Das ist die geistige Geburt. Dann geht es erst richtig los.

Erleben

Dein Erleben ist ein Spiegelbild deines Soseins. Ohne das Ändern des Soseins, kann sich das Spiegelbild nicht ändern. Das Schöne ist, wenn Du möchtest, kann Dein SoSein verändert werden, das kannst Du jederzeit, denn Du bist ja der Schöpfer Deines Lebens. Wenn Du Dein SoSein änderst, muss sich das Spiegelbild der Realität entsprechend ändern. Das ist Dein Schlüssel zur Macht, zur Verantwortung, aus der Hilflosigkeit heraus, um Deine Zukunft zu bestimmen.

Bewusstseinsbefreiung

Der Verstand fängt hier an, sich Prozesse des Erreichens und der Umsetzung mit Wegen zu durchdenken. Das bleibt ein Irrweg, denn das kann der Verstand nicht.

Mache Dir bewusst, Du bist vollkommenes ewiges Sein. Du bist nicht hier um etwas zu werden, sondern nur um Dich zu erinnern, dass Du vollkommen bist.

Wie lange möchtest Du brauchen, um Dich zu erinnern? Um wach zu werden?

Wie ist es, wenn Du am Morgen aufwachst? Ist das ein Prozess, mit vielen Schritten und Techniken? Gibt es dazu eine Anleitung, oder wirst Du einfach wach?

Da kann man keinen Prozess draus machen eben so wenig wie ans Erinnern.

Es ist Deine Entscheidung, die geschieht. Du kannst nur bereit sein, Dich zu erinnern, oder wach zu werden.

Zusammenfassung für den Anwender, also für DICH!

Du brauchst Dich nur zu erinnern, wer Du bist.

Teste selbst und nimm Dir Zeit

Bin ich noch identifiziert mit meinem Körper? Mit meinem Verstand? Mit meiner Persönlichkeit?

Oder habe ich einen Körper? Und einen Verstand? Und eine Persönlichkeit?

Du bist der, der das sagt!

Dein Körper, Dein Verstand ist Dein Erfahrungsinstrument oder auch Erdenkleid.

Du bist der Träger!

Wenn Du bewusst lebst als dieser Träger, bewusster Beobachter, Deinem Körper beim Leben zuzuschauen, zu beobachten, bist somit sofort in der Wahrnehmung.

Jetzt kannst Du wahrnehmen, was jetzt zu tun ist, und bist damit auch im Jetzt:

Du lebst immer im Jetzt. Versuche mal vorhin zu leben oder nachher! Geht nicht!

Leben ist nur Jetzt!

Der Verstand treibt sich meist in der Vergangenheit herum oder in der Zukunft.

Im Jetzt entsteht die Zukunft. Wenn das Jetzt stimmt, stimmt auch das SoSein.

Was Du tun kannst? Bewusst im Jetzt stimmig zu sein, dann stimmt Dein ganzes Leben.
Das ist alles!

Zeitgeist!

Wir nehmen wahr, die Welt ist gerade im Wandel. Wenn wir unverändert bleiben, in einer sich wandelnden Welt, kommen wir zunehmend in Disharmonie, in Schwierigkeiten.

Wenn die Welt sich wandelt, ist es von Vorteil, wenn ich mich auch ent-sprechend wandle. Das ist das, was im Zeitgeist zu tun ist.

Die Frage daraus: „Wie wirst Du fit für die Zukunft?

Antworten:

Aufwachen und leben als der, der Du wirklich bist. Leben als erwachtes Bewusstsein.

Erkunden des Nordsterns - Zielklarheit

Ab jetzt schauest Du Deinem Körper immer beim Leben als bewusster Beobachter zu und kommst ganz von selbst vom Denken zur Wahrnehmung. Damit hast Du ein Instrument der Lebensführung, das keine Fehler mehr machen kann. Wahrnehmung kann von ihrem Wesen her keine Fehler machen. Bleibe der bewusste Beobachter, bleibe in der Wahrnehmung.

Als nächste ist Deine Optimierung Deines SoSein dran.

Das ist Dein Schicksalsmagnet! Der verursacht Deine Zukunft. Daher muss dieser Magnet ausgerichtet werden.

Das geschieht durch ständige gute Laune.

Durch ein erfülltes Sein mit einem wunderbaren Wohlgefühl.

Durch bewusstes sympathisch sein. Du bist der Schöpfer. Du hast es in der Hand, bewusst sympathisch zu sein.

Das geht so: Du wirst sofort sympathisch, wenn Du bei jedem ausnahmslos, dem Du begegnest, irgendetwas sympathisch findest (ehrlichen Herzens). Dadurch entsteht sofort eine energetische Brücke der Sympathie und der andere kann sich dem nicht entziehen. Er fängt an, Dich auch sympathisch zu finden. Konsequent durchgeführt, begegnest Du nur noch sympathischen Menschen.

Die Nebenwirkung dabei ist, wenn du so bewusst sympathisch bist, verursachst Du ab sofort, durch die Änderung Deines SoSeins, eine sympathische Zukunft, der Dein ganzes Leben verwandelt, ja verzaubert. Wenn Du dann noch liebe-voll bist und dankbar und die Aufmerksamkeit nicht mehr auf Probleme richtest sondern auf Chancen, Möglichkeiten, Lösungen, dann hast Du Dein SoSein nachhaltig geändert.

Lasse die Identifizierung mit dem Ego-Ich los.

Dein SoSein bestimmt Deine Realität, Deine Zukunft, Deinen ER-FOLG!

Wahrnehmung - was ist das?

Kurzdarstellung und Begriffserklärung.

Es wird viel über Wahrnehmung gesprochen, daher hier meine Darstellung, wie ich sie auch in meinen Texten verwende.

Bekannt ist jedem das Tagesbewusstsein. Unsere Sinne bringen dadurch die Informationen in unseren Verstand. Auch die körperlichen Wahrnehmungen, Gefühle, gehören dazu.

Diese Gefühle teilen sich in Emotionen, Leid und Schmerz. Schmerz dient dabei unserer gesunden Selbsterhaltung. Leid wird durch den Verstand, das Ego erzeugt. Der Verstand verfügt über ca. 8% unserer Möglichkeiten, während das Unterbewusstsein über 92% verfügt.

Das Unterbewusstsein bekommt seine Informationen über den Verstand und nimmt diese Informationen, der nur 8% der Möglichkeiten kennt, wahr. Das Unterbewusstsein verarbeitet diese Informationen, die es über Gefühle erhält, wie eine Reiz-Reaktionsmaschine.

Unser Körper und Verstand sind unsere Erfahrungsinstrument.

Das lässt sich durch das Achtsamkeitstraining und genaues Hinterfragen und neu kalibrieren.

Die Frage hierzu lautet: **„Wer bin ich"??**

Was ist der Unterschied zwischen Aufmerksamkeit und momentaner Achtsamkeit?

Aufmerksamkeit ist der Vorgang, bei dem wir das beobachten, was uns der Verstand vorgibt. Im Verstand sind unsere Glaubenssätze, Konditionierungen, Prägungen und Überzeugungen gespeichert und werden ent-sprechend bewertet und beurteilt. Das, worauf DU DEINE Aufmerksamkeit richtest, das wird DEINE Wahrheit, auch das Unbewusste, das den großen Anteil beinhaltet.

Durch die momentane Achtsamkeit, die durch Praktizieren gestärkt werden kann (sollte), werden alle Schwingungen des Körpers, der als Resonanzkörper dient wahrgenommen. Auch der tägliche Gedankenstrom, der ca. 50 000 Gedanken (zu 95% unnötige) beinhaltet, wir durch die Achtsamkeit gefiltert.

Achtsamkeit ist reines Beobachten ohne bewerten und beurteilen. Diese Art des Beobachtens ist die Wahrnehmung. Die Wahrnehmung lässt sich durch gestärte momentane Achtsamkeit immens steigern. Die Wahrnehmung ist dann direkt mit dem Bewusstsein verbunden.

Das Bewusstsein wird im absoluten Sinne nicht erweitert, eher befreit, denn Bewusstsein (Urenergie, Tao, Gott, Supreme) ist immer 100% im Kosmos. Mit der veränderten Wahrnehmung gelangen wir zu einem fehlerfreien Beobachten. Nur der Verstand macht Fehler, was jedem bekannt ist. „Irren ist menschlich“! ist die bekannte Aussage.

Bewusstsein lässt sich nicht erreichen, weil es immer vorhanden ist. Nur die Verblendung lässt sich erkennen. Daher auch Bewusstseinsbefreiung. Weitere Hindernisse, die von Mensch zu Mensch verschieden sind, lassen sich im Coaching beseitigen.

Es gibt nichts NEUES zu lernen, sondern nur das Vorhandene erinnern, und die Gewohnheiten verändern.

Dass Methoden an manchen Stellen angebracht sind, speziell bei Trauma-Arbeit, erleichtert das eigene Glaubenssystem. Auch die momentane Achtsamkeitspraxis ist eine Methode. Methoden sind dienlich, hilfreich oder vorbereitend.

Nur wisse, DU trägst alles, was DU dazu benötigst, in DIR. Wecke es, wache auf.

Wann ist der beste Zeitpunkt, um zu beginnen?

IMMER JETZT!

Wahrnehmen tun wir immer!

Beobachten tun wir immer!

Die Frage ist nur: "WAS" beobachten und wahrnehmen wir? und "WER" nimmt wahr und beobachtet?

Ist dies einmal klar, kann jeder durch seine Aufmerksamkeit auf das universelle Wissen zugreifen. Dann ist die selbst gerichtete Aufmerksamkeit der Suchscheinwerfer der Lösungen, oder dem stimmigen Leben.

Bei Fragen steh ich gerne zur Verfügung. Bitte beachte, das ist eine Zusammenfassung, um DIR ein Wegweiser zu sein.

Es kann niemand für DICH tun. Dieses Wollen musst Du aufbringen. Es ist Deine freie Wahl.

Hilfe gibt es an vielen Stellen, auch hier über den Kontakt.

Anmerkung

Wahrnehmung lässt DICH erkennen, welche Ursachen Du gesetzt hast und daraus resultieren Wirkung.

Zufälle und Unfälle sind Ereignisse, für die Du bisher keine Erklärung hast.

Dein SoSein ist DEIN Schicksal. Sal entspringt dem Begriff "Heil", zum Heil geschickt.

Alles lässt sich er-klären, auch Krankheiten.

Das Gefühl ist das Geheimnis

Das Gefühl ist der im Kosmos verwendete Kommunikationsträger.

Der einfache Beginn!

Du musst eine Zielvorstellung haben. (Nordstern)

Kläre für dich: Was möchte ich vom Leben?

Scheue dich nicht es zu benennen. „Was möchte ich vom Leben?"

Dann versuche ein paar Zielvorstellungen zu erzeugen.

Das ist der Weg zum Erfolg. Ich eigene es mir subjektiv an.

Wie eigene ich mir einen Zustand subjektiv an?

Nehmen wir in diesem Moment an, man würde einen Ball wollen. Einen gewöhnlichen Gummiball. Aber es gibt keinen Gummiball in diesem Raum. Okay, aber du willst jetzt einen. Du würdest tatsächlich annehmen, dass du einen Gummiball in der Hand hältst… bis du ihn fühlst.

Du denkst, du kannst nicht fühlen? Also versuche einmal.

Versuche zu spüren, wie es wäre, wenn du einen Gummiball gehalten hättest. Jetzt der Beweis, dass du ihn gehalten hast. Nimm wahr, wie es sich anfühlt.

Jetzt.

Im Unterschied dazu, wenn du einen Tennisball halten würdest.

Bemerkst du einen Unterschied?

Einen Golfball. Siehst du einen Unterschied?

Ein Stück Seide. Fühlst du irgendeinen Unterschied?

Wenn du zwischen diesen vielen Objekten unterscheiden kannst, obwohl sie subjektiv sind, dann muss es irgendwo einen Unterschied geben.

Wenn du sie tatsächlich vor deinem geistigen Auge auseinanderhalten und zwischen diesen Objekten unterscheiden kannst, dann beginne zu fühlen, zu erspüren, zu riechen: Eine Rose.

Eine Rose riecht nicht oder hat eigentlich nicht den gleichen Geruch, wie eine andere Blume.

Ich kann die Rose ausmachen. – Jetzt!

Eine Lilie. Ich kann auch sie wahrnehmen.

Aber was macht das?

Ich werde sie bekommen. So funktioniert das.

Geld hat einen Geruch. Er ist anders als jeder andere Geruch auf dieser Welt. Er duftet für den Pfennigfuchser mehr als das herrlichste Parfüm der Welt.

Er kann es sagen: Wenn du ihm einen Geldbeutel vor sein Gesicht hältst, ist es so, als hielte man Rosen vor die eigene Nase. Er liebt es. Er kann Geld riechen. Er kann es fühlen. Geld hat ein bestimmtes Gefühl.

Halte einen 20 € Schein und deiner Hand und bitte dich, ihn zu spüren und dann nimm ein anders Stück Papier in die Hand. Und du kannst den Unterschied benennen.

Es gibt einen Unterschied. Es gibt einen Geruch dazu.

All das ist Teil des inneren Menschen, dem ALLE Dinge möglich sind. Versuche es, bevor du es verurteilst. Probiere es aus, wenn du die Beweise dafür hast, die meine Behauptung unterstützen, spielt es keine Rolle, was die Welt dir erzählen wird.

Wenn einer über dich lacht… EGAL!

Da sind diese Menschen, die über jeden lachen, der eine Idee hat, die ein wenig aus dem Rahmen fällt. Sie lachten immer über ihn. Sie lachten über die Idee zum Mond zu fliegen. Nun… Jetzt ist eine vollendete Tatsache.

Es gibt immer noch die, die nicht glauben wollen, dass es passiert ist. Weißt du das? Weil sie nicht glauben wollen, dass es jemals passiert ist.

Und es gab die die sagten, man könnte nicht hinuntergehen und unter Wasser leben. Jetzt haben wir ein U-Boot. Es gibt immer noch diejenigen, die es nicht glauben wollen. Du kannst all die Fakten der Welt präsentieren und sie werden es nicht glauben.

Daher sage ich dir: Probiere es zunächst einmal selbst aus und wenn es sich in der Praxis bewährt, ist es völlig egal, was die ganze Welt denkt.

Diese Nacht:

Nehme ein Ziel: Lass es ein wundervolles Ziel sein, entweder für dich oder jemand anderen.

Jedes Mal, wenn du deine Vorstellungskraft liebevoll im Namen eines anderen nutzt, vermittelst du universell zu diesem anderen.

Bringe dir einen Freund vor dein geistiges Auge und stelle ihn dir selbst als den Mann oder Frau vor, wovon du dir wünschst, dass DU sein würdest.

Erzähle es ihnen nicht. Bitte nicht um Lob. Nimm einfach an, dass DU mit dir redest um dir die unglaublichsten Neuigkeiten von sich erzählen, und du gratulierst ihm zu diesen guten Nachrichten und gehst deinen eigenen Weg weiter, in dem Glauben der Realität dieser Vorstellung.

Es mag morgen passieren. Es kann auch einen Tag oder eine Woche später oder einen Monat später passieren. Es hat seine eigene vereinbarte Zeit und es reift heran und wird blühen und Früchte tragen.

Sei nicht besorgt. Lass es in Ruhe sein. Es wird passieren.

Das ist gemeint mit; *Das Gefühl ist das Geheimnis*: Ich fange die Stimmung ein. Die Gefühle, die meine wären, wenn ich das wäre, wo ich sein will. Ich muss nichts anfassen. Es ist die Stimmung, die Gefühlslage, wovon hier die Rede ist.

Vertrau aus das, was du „fühlst". Nie auf das, was sie sagen! Nutze dein Urvertrauen.

Bitte schau dir auch deine noch unbewussten Gefühle an, die in dir noch Angst erzeugen und löse diese auf.

Die Kommunikation der geistigen (spirituellen) Welt läuft über die Gefühle.

Deine Macht liegt in deiner Vorstellungskraft. Nutze sie!

Der Schlüssel

Der „einzige" & "wirksamste" Schlüssel für ein erfülltes Leben, ist die Wahrnehmung.

„Perception is everything"

Wahrnehmung ist alles!

Veränderungsprozesse funktionieren nur dann, wenn der Leidensdruck beim Menschen hoch genug ist, die absolute Liebe sich einstellt, oder die Begeisterung für ein großes neues Ziel wirksam wird.

Das bedeutet, Führung an diesem Punkt, hat immer etwas mit mir selbst zu tun.

Der Merksatz dafür:

Wie du dich führst, ist, wer du bist! Es berührt die Grundfrage aller großer Weisheitssystem, aller großen Religionen:

„Wer bin ICH?"

Wenn du diese Frage beantwortest, wer bist du eigentlich, was wäre jetzt deine Antwort?

(notiere dir Deine Antworten, bevor du weiterliest. Es sieht in der Regel so aus, dass du beschreibst, wer du bist *#ICH – lat. Ego#, z.B. Deutscher, Bayer, Religion-Katholik, vielleicht noch die Automarke, Bergsteiger, Banker ....)

Es sind die Begriffe, mit denen wir/du identifiziert bist.

Du glaubst allen Ernstes, das bin „ICH“.

Es lohnt sich zu hinterfragen, stimmt das wirklich. Kann ich mit Sicherheit sagen, dass so manches, was ich behaupte, wirklich wahr ist?

Nutze dazu auch die Logik. Was man beobachtet, kann man nicht sein. Was man ist, kann man nicht beobachten. Über dieses Ausschlussverfahren gelangst du über präzises Fragen zum was du wirklich bist.

Ein deutscher Pass macht Dich nicht zum Deutschen, oder wenn Du nach Amerika auswanderst, bekommst Du einen amerikanischen Pass, der Dich aber nicht zum Amerikaner macht.

Wir sind im höchsten Maße diesen Begriffen verhaftet und die Macht der Gewohnheit, ist der härteste Klebstoff der Welt.

Es kann sein, dass durch diese Erkenntnis sich eine Veränderung einstellt, die erstmal Angst auslöst. (Enge) Eventuell hier kompetente Hilfe in Anspruch nehmen. (tiefes Atmen hilft meist)

War es das schon?

Dennoch haben wir das intensive Gefühl, das kann es doch nicht gewesen sein. Es muss doch noch mehr geben, zwischen Himmel und Erde, als das, was mein Verstand mir immer wieder suggeriert.

Was bleibt DIR?

Beginne jetzt den Prozess der Veränderung. Veränderung ist unbeliebt, weil wir dann unsere Gewohnheiten, Überzeugungen, Glaubensätze, Prägungen ändern müssen.

Es ist einzig und allein jedem selbst bestimmt, seine Wahrnehmung, sein Selbst zu erkennen und es vom Ego unterscheiden zu lernen.

Es ist jedem seine Wahrnehmung. Ohne die richtige Wahrnehmung fehlt das richtige Fundament.

Wahrnehmung, dessen kannst sich jeder gewiss sein, kann sich nicht irren, der Verstand schon.

Jeder hat sein Kontrollinstrument. Das ist deine Realität, oder dein Erfolg. Erfolg ist immer das, was er-folgt. Es ist das, was du verursacht hast, ob bewusst oder unbewusst. Der Begriff Misserfolg ist nicht relevant. Er sagt nur aus, dass nicht das eingetreten, was du erwartet hast. Du hast es jedoch verursacht!

Die wichtigste und stärkste kosmische Gesetzmäßigkeit, die immer stimmt, ob du es kennst oder nicht, ist das Gesetz von Ursache und Wirkung. Das ganze Leben gehorcht geistigen Gesetzmäßigkeiten, ob du sie kennst oder nicht.

Dein Außen ist dafür dein Spiegel. Willst du das Außen verändern, dann verändere dein Inneres, dein SOSEIN!! Wenn dir im Kino der Film nicht gefällt, macht es keinen Sinn die Leinwand zu tauschen. Die Leinwand steht hier symbolhaft für die Realität.

Mit etwas Unterstützung und Hinweisen wie hier, wirklichen Willen, ist jeder dazu fähig. Das WOLLEN ist die Energie, die jeder der möchte, aufbringen muss, oder die Begeisterung nutzen, die dich zieht.

Werde dir gewahr, was du wahrnimmst, oder werde dir deiner Wahrnehmung gewahr.

Noch ein wichtiger Hinweis.

Was du beim Praktizieren verlierst, ist, dass du den Zwang verlierst, dich identifizieren zu müssen. Das ist das, was du verlierst. Wenn du das als Ego bezeichnest, könntest du sagen, das Ego stirbt. Aber, was stirbt ist der Zwang, dich identifizieren zu müssen, aber nicht die Fähigkeit, dich identifizieren zu können. Wenn du dich nicht identifizieren kannst, kannst du deinen Körper nicht bewegen, nicht reden nicht denken, du bist nicht in der Lage zu überleben. Das ist sehr wichtig!

Damit hast du

DEINEN SCHLÜSSEL.

Nicht mehr, aber auch nicht weniger.

Teil III Hinterfragen führt zur Selbsterkenntnis

Erfülltes Leben

Das ist eine Sichtweise zur Qualität eines erfüllten Lebens.

Prüfe es für Dich, ergänze oder verändere es.

Beantworte Dir in Ruhe die Frage: „Wann wärst du glücklich?" Dazu benötigt man Ruhe und etwas Zeit.

Beginnen wir mit der Freude:

Freude nicht im Sinne von Spaß, sondern von wirklich herzlicher Freude. Zu dieser Qualität gehört auch noch die Begeisterung. Damit wird es etwas klarer. Lebe ich ein begeistertes Leben?

Gibt es Bereiche, wo ich mit Feuer und Flamme lebe? Bin ich begeistert in meiner Beziehung?
Wo bin ich begeistert?

Der Frieden ist der nächste Punkt zum glücklichen Leben.

Im Frieden verbirgt auch die tiefe Zufriedenheit. Zufriedenheit hängt mit den Vorurteilen zusammen. Wir haben erfahren und gelernt, von Menschen, die nicht zufrieden waren. Wir haben im bisherigen Umfeld gelernt, Unfrieden zu erschaffen. Dazu kommt, wir erschaffen unseren Unfrieden in uns selbst, weil wir im Außen um Frieden kämpfen. Wir wollen Zu-Frieden-heit haben und Frieden ist ein natürlicher Zustand.

Wir wollen Fülle und keinen Mangel.

Fülle steht in Verbindung mit Erfüllung.

Die vierte Bedingung für ein glückliches Leben ist die Freiheit. Zu Freiheit gesellt sich die Eigenschaft Verbundenheit. Da stoßen sich viele Menschen dran. Die Frage, was soll denn Freiheit mit Verbundenheit miteinander zu tun habe?

Wir sind hier auf diesem Planeten alle miteinander verbunden. Es geht darum herauszufinden, wie wir Bewusstsein mit der Allverbundenheit mit allen Menschen, das Gefühl von Freiheit haben und Freiheit leben können. Das ist eine Herausforderung und eine Aufgabe für jeden, wenn er sich ihr stellen will.

Wenn jemand keinen gesunden Körper hat, wird er hier Gesundheit oder sonst noch etwas als Ergänzung hinzufügen. Gesundheit ist etwas natürliches und Krankheit etwas unnatürliches, egal wieviel kranke Menschen wir haben. Krankheiten sind Botschaften vom Körper, der sich nur so bemerkbar machen kann, weil er ein Selbsterhaltungsprogramm besitzt. Wer die Täuschung durchschaut und sich dem Geist der Wahrheit nähert, wird automatisch gesund.

Wie wir uns gesund oder krank machen, den Umgang mit unserem Körper, ist ein separates Thema. Dabei kommt zum Tragen, wie Bewusstsein mit Materie zusammenhängt.

Zusammenfassend:

Freude- Begeisterung

Frieden – Unzufriedenheit

Fülle – Erfüllung

Freiheit - Verbundenheit

Das lässt sich erreichen durch sehr klare Schritte in unserem Leben, die letztlich Gewohnheiten werden dürfen. Es ist dabei hilfreich, jeden Tag so zu betrachten, wie ein kleines abgeschlossenes Leben.

So wie du den einzelnen Tag lebst, das sind durchschnittlich 17 Stunden oder 1000 Minuten, so wie du bewusst oder unbewusst bei dir bist, was du denkst, wie du mit dir umgehst, wie du andere behandelst, was du tust, wie oft du zu dir selbst findest und in die Ruhe kommst, das sind alles Dinge, die die Qualität deines Tages bestimmen. Mal hinschauen, ist der Tag, Takt und Rhythmus, wie von der Natur vorgegeben. Jeder Tag darf getaktet werden, damit du aus dem ständigen Machen - Tun; Machen – Tun wieder zu dir zurückkommst. Zeit zu nehmen, nach innen gehen. Eine sehr wesentliche Eigenschaft, die von den meisten Menschen ignoriert wird.

Es liegt hauptsächlich daran, dass es den Menschen nicht bewusst ist, dass wir von innen nach außen erschaffen.

Das bedeutet, wir haben eine innere Welt, nicht nur im Körper auch in unserer Aura/Energiefeld dem feinstofflichen Körper. Dazu gehören Gedanken, emotionales, Empfindungen, Herzimpulse und diese Innenwelt befindet sich in Unordnung.

Wenn wir innen in Unordnung sind und im Unfrieden, dann muss sich im Außen folglich Unfrieden zeigen.

Was Du säst, im Innen, das wirst Du ernten, im Außen!

Wenn ich keine Achtsamkeit auf die Qualität meiner Innenwelt richte, dann ist mir nicht bewusst, wie ich meine Konflikte, meine Unordnung im Außen erschaffe. Das ist mir dann nicht bewusst.

Wir brauchen Gewohnheiten, oder Rituale, in den wir Zeit für unsere Innenwelt haben um immer wieder zu uns zurückkommen, uns bewusstwerden, was läuft hier gerade. Dass es uns mehr und mehr gelingt in den Moment zu kommen.

Das Leben findet nicht in der Zukunft und nicht in der Vergangenheit statt, nur im Jetzt!

Damit du nicht irgendwann sagen musst:

„Ich bin an meinem Leben vorbeigelaufen."

Deshalb unbedingt Fragen und Hinterfragen.

Hinterfragen ist der Hebel um alles, alle Informationen, alle medizinische Berichte, alle Medikamente, alle Impfungen, alle Lehrer, alle Lehren, zu durchschauen und dein Weltbild zu vervollständigen.

Frage DICH: Bin ich für immer bereit mein Leiden loszulassen?

Ja, natürlich bin ich bereit mein Leiden loszulassen, ruft das Ego als erstes.

Das Herzstück in dieser Frage ist, finde heraus, was an diesem in dir Leid noch festhält.

Raus aus dem LEID-Sumpf

Leidest Du noch oder lebst Du schon?

Wir haben leider keine Anleitung für ein glücklich Leben bekommen. Doch 98% von uns, haben eine Anleitung zum unglücklich sein bekommen.

Wodurch?? Dabei bitte keinen Vorwurf an die Eltern, aber die meisten unserer Eltern waren halt keine glücklichen Menschen.

Das, was die Eltern uns vorleben, ist das eine Anleitung, ein Vorbildfunktion. Wir lernen durch das Vorbild und dem Tun von anderen, das sind erstmal unsere Eltern.

Die drei vorrangigen Ursachen für unglücklich sein.

Als erstes ist es die Unbewusstheit. Keiner hat gelernt bewusst, schöpferisch zu leben, da zu sein, sich bewusst zu sein, was er da denkt, spricht, tut und fühlt. Bewusstsein lässt sich durch die momentane Achtsamkeit stärken und führt logischerweise zum Erkennen. Bewusstsein ist in jedem Menschen immer vorhanden. Das Ego hängt wie ein Schleier vorm Bewusstsein, was umgangssprachlich Unterbewusstsein genannt wird. Nochmal der Hinweis: Bewusstsein ist die einzige Realität.

Zweitens die Unklarheit. Die wenigsten wissen wirklich, was sie wollen. Frage deinen Partner, oder Menschen in deinem Umfeld, was sie wirklich wollen im und vom Leben?? Die erste Antwort wird sein: „Du stellst aber Fragen!"

Das ist die Grundlage für schöne Übungen, zuerst jeder für sich allein, dann tauscht man sich mal aus, auch mit dem Partner, oder paarweise.

Was will ich wirklich?

Was ist das Allerwichtigste in meinem Leben?

Was ist dein Nordstern?

Was ist so wichtig, dass ich am Ende meines Lebens sagen kann, ich habe es gelebt? Ich habe nicht dran vorbeigelebt. Bei vielen Menschen steht am Ende des Lebens, Thema verfehlt! Eigentlich wollte ich etwas anderes. Eigentlich wollte ich doch…, aber ich hab‘s vergessen! Was soll am Ende des Lebens stehen? Das war eine richtig runde Sache und der Kreis kann sich erfüllt schließen!

Der dritte Punkt ist die innere Unordnung.

Wir haben keine Anleitung bekommen, unser Innenleben zu ordnen. Da gibt es verschieden Fächer, verschieden Abteilungen.

Zu unserer Innenwelt zum Innenleben gehört der Kopf/Gehirn, die Gedanken, sogar die Überzeugungen, Glaubenssätze, Prägungen und Konditionierungen.

Auch die Emotionen gehören dazu, denn wir sind mentale Wesen, wir sind emotionale Wesen. Wir haben keine Anleitung bekommen, wenn ich Angst oder Wut bekomme…, was der wirkliche Auslöser ist. Es ist ein Gedanke, ein Gefühl, eine

Erfahrung, ein Glaubenssatz, eine Überzeugung aufgeladen mit Energie. E-motion – Energie in Bewegung. Ohne Steuerung kommen ansonsten ungewollte Ereignisse zu Stande.

Den bewussten Umgang mit den Gefühlen ist etwas sehr Wichtiges. Ein wichtiger Teil zum glücklichen und gesunden Leben.

Zum Umgang mit unserer Innenwelt gehören die körperlichen Empfindungen, wie Enge, Schwere, Beweglichkeit, Unbeweglichkeit, Starre, Übelkeit, Schwindel und vieles mehr, sind Empfindungen und Botschaften unserer Seele, vermittelt über unseren Körper.

Was noch unsere Innenwelt ausmacht, sind die Impulse unseres Herzens, das spricht zu uns täglich, stündlich minütlich. Diese Sprache ist nicht verbal, sondern über das Gefühl von Stimmigkeit und Nichtstimmigkeit. Die momentane Achtsamkeit ist hier der einzige nachvollziehbare Zugangsbereich. Du bekommst den Impuls, das da fühlt sich gut, aber dies nicht. Daher ist es unumgänglich die Impulse von den anderen Gefühlen und Emotionen unterscheiden zu können.

Die wenigsten hören darauf, aus Angst, zurückgewiesen zu werden. Da haben wir sie wieder, die Angst.

Das sind die vorrangigen Glücklichsein-Verhinderer, Unbewusstheit, Unklarheit und innere Unordnung sowie, dass wir unser Herz verschlossen haben. Das geschah in der Kindheit, bei so gut wie allen Menschen. Kinder müssen irgendwann ihr Herz verschließen, um es zu schützen, weil es oft zu weh tut.

Ein Kind bekommt keine Anleitung mit Schmerz-Leid umzugehen. Schmerz von verlassen werden, von Einsamkeit und einiges mehr. Die wenigsten können ihren Kindern nicht wirklich erklären, wie sie mit Angst umgehen sollen. Das, was man den Kindern sagt ist, „Du musst doch keine Angst haben!“ doch das hilft dem Kind nichts, denn es hat schon Angst und wird jetzt „Hilflosigkeit“ abspeichern. Hilflosigkeit ist eine Emotion, die kennt fast jeder in seinem Leben.

Die letzte große Ursache für Unglück heißt, die Methode und die Angewohnheit der Verurteilung. Kinder hören, wie die Eltern sich gegenseitig verurteilen, wie Geschwister sich verurteilen, wie andere die Nachbarn verurteilen usw. und wir sagen, das mach ich auch! Was wir in den ersten drei Jahren schnell lernen, uns selbst zu verurteilen. Wir geben uns selbst die Schuld, wenn es uns nicht gut geht.

Die Angewohnheit oder das Muster der Verurteilung ist eine der größten kriegstreiben Dinge. Würden wir uns nicht verurteilen, gäbe es in der Welt keinen Krieg.

Der Weg vom unglücklichen zum glücklichen Leben liegt vor dir.

Einladung in die Wirklichkeit

DU entscheidest selbst.

Das kannst DU tun.

Es ist der Schritt von der relativen Wirklichkeit in die absolute Wirklichkeit. Ein Schritt, den der Verstand nicht versteht und der zum Nachdenken nicht geeignet ist. Der Verstand hat nur die Erfahrung des „ICH" des Körpers. Es ist die „ICH-Identifikation" die Begrenzung, die es gilt zu verlassen, um unser Bewusstsein zu erweitern.

Es ist der Abzug der Aufmerksamkeit der bisherigen Rolle. Denn die Energie folgt der Aufmerksamkeit und die lenken wir auf das Selbst, wenn die Wirklichkeit erreicht werden soll.

Das Selbst – oder ICH BIN!

Deshalb kläre für DICH die Frage, „Wer bin ICH"

Wer bin ich denn? Wie fühle ich mich denn an? Es könnte sein, dass der Begriff Existenz auftaucht.

Ich habe keinen Namen, ich habe kein Alter, ich bin ewig, aber ich bin!

Ich bin da, bin präsent (gegenwärtig, anwesend / Präsent= Geschenk-Aufmerksamkeit).

Ich erlebe das, was mein Körper erlebt.

Ich erlebe, was mein Verstand denkt.

Ich erlebe, wie meine Persönlichkeit reagiert und sich fühlt und was sie meint. Daher auch der Begriff „Meinung".

Ich erlebe durch meinen Körper.

Ich bin der Beobachter, der das wahrnimmt.

Lege alles ab, was du nicht bist, um zu erkennen, wer du bist.

Der Körper fühlt, der Verstand denkt, die Persönlichkeit meint.

Die Rolle des Lebens ist eine vorübergehende Erfahrung.

Das ist meine Empfehlung an alle, die noch wenig mit dem Gegenpol des Materialismus, der Spiritualität zu tun hatten. (Spirit = Geist)

Mache dir bewusst, wer du wirklich bist.

Du bist nicht das, was du im Spiegel siehst. Das ist eine Rolle die du vorübergehend spielst. Wenn du dich mit deiner Rolle identifizierst, dann lebst du die Rolle. Wenn die Rolle mal zu Ende ist, da stehst du mit leeren Händen da. Dann hast du nicht gelebt.

Wenn du aber der Beobachter dieser Rolle bist, dann solltest du der bewusste Beobachter sein, denn der ist Voraussetzung zum Wahrnehmen. Ein Beobachter nimmt wahr und ur-teilt nicht.

Der nächste Schritt ist sehr wichtig, um vom Denken zum Wahrnehmen zu kommen. Der Verstand kann sich irren. Der hat nur seine begrenzte Lebenserfahrung. Er gibt sein Bestes, aber mehr kann er ja nicht. Er findet dann die Ausrede“ Irren ist menschlich.“

Die Wahrnehmung kann sich nicht irren. Vertraue deinem Selbst, gewinne dein wahres Selbst-Vertrauen.

Jetzt folgt deine Entscheidung: Bleibe ich der bewusste Beobachter?

Die Rolle lebt weiter, der Verstand denkt weiter, alles bleibt, ich erfülle meine Aufgaben in der Rolle. Es ist wie im Film oder Theater, da ist der Schauspieler, der diese Rolle spielt, ist sich aber jeden Moment bewusst, dass er die Rolle als Schauspieler spielt, diese Rolle aber nicht ist. Das ist Bewusstseinsbefreiung wie im Buchtitel angezeigt. Jetzt ist der Weg frei für ein Leben in Stimmigkeit & Freude.

Es geschieht dann von selbst, man kommt aus der Illusion der Zeit in die Wirklichkeit der Zeitlosigkeit, denn Wahrnehmen und Beobachten kann man nur jetzt. Man kann jetzt nicht vorhin oder nachher wahrnehmen. Ich bin dann im Jetzt.

Dann merke ich, Leben ist auch nur Jetzt.

Das ICH ist nicht permanent dort, wo das Leben stattfindet. Es macht sich ständig über Vergangenheit Gedanken oder Sorgen über die Zukunft, Existenzsorgen...

Bewusstsein kann sich keine Existenzsorgen machen. Es kann nicht aufhören zu existieren, weil es im absoluten bewussten Sein ist, das Sosein.

Was geschieht?

Damit kann jeder aus der Illusion in die erstrebenswerte Wirklichkeit kommen.

Das wünsche ich DIR und jedem anderen Menschen auch.

PS: Ein wenig Übung benötigt man im Normalfall schon. Tiefgreifende Hilfestellung gibt es hier.

Ich kann es DIR erklären, aber ich kann es nicht für DICH verstehen.

Raus aus dem Lügen-Geflecht

Die Wahrheit steht für sich, nur die Lüge braucht die Stütze der Staatsgewalt.

Die Zeitqualität hat sich stark verändert. Es ist so leicht wie noch nie, sein Bewusstsein zu befreien und aus der vorhanden Gedankenmatrix herauszukommen. Hier sind das Hinterfragen und die Beobachtung die wesentliche Grundlage.

Angst, wovor auch immer, sind die Mauern, an denen wir erkennen, dass wir im Ego-Gefängnis sind. Es wurde uns beigebracht, der indoktrinierte Gedankenvirus, der unsere Überzeugungen und Glaubenssätze bestimmt.

Jetzt kann er endlich von jeden selbst gelöst werden. Lass los - Let's Go!

Angst kommt von Enge und kann von jedem am eigenen Körper wahrgenommen und verändert werden. Die Lösung liegt in Dir!

Hier geht es um eine wesentliche Grunddarstellung und Lösung.

Wenn Du keine eigenen Ziele hast im Leben, oder bessergesagt keinen Nordstern, an dem DU DEIN Leben ausrichtest, für das Du selbst arbeitest, dann arbeitest du automatisch für die Realisierung von fremden Zielen.

Das sollte sich jeder bewusst machen.

Da braucht niemand im Außen zu beginnen, sondern nur sein System zu durchforsten.

Damit lässt sich Dein Bewusstsein leicht von dem Gedankenvirus befreien.

Wir leben in einer polaren Welt. Das Ego funktioniert im dualen Bereich.

Das hat Folgen.

Wer nur den technischen Vorschritt im Fokus hat, die materialistische Welt, der vernachlässigt die menschliche Seins-Komponente, das eigene Bewusstsein und leistet damit einen Beitrag zur menschlichen Degeneration.

Wir blähen unser Ego auf und lassen dabei Moral und Sittenverfall zu. Die Natur sucht den Ausgleich und findet ihn. Wir nenne es momentan Krise, doch können wir auch Wendepunkt dazu sagen.

Kläre für Dich die Sinnfrage Deines Lebens.

Warum ist der Mensch hier?

Was ist die Aufgabe des Menschen?

Diese Frage wird in der herrschenden Entwicklungsphase nicht gestellt.

Diese Frage ist entscheidend, um überhaupt aus der Sackgasse herauszukommen.

Leiderfahrung zeigt dem Menschen, dass es so wie es ist, nicht die natürliche, kosmische Lebensart ist.

Was jedem dabei hilft, ist ein spirituelles Überlebens-Wissen, dazu gehören die „Kosmischen Gesetzmäßigkeiten".

Es ist auch der Schritte zu DEINER Souveränität.

Wie schon so oft hier betont wurde, die universellen Gesetze gelten und wirken, ob wir sie kennen und anwenden oder nicht.

Vor über 10 Jahren habe ich über die Frage: Wer bist du? gelächelt.

Heute kann ich wissend behaupten, es ist die zentrale Frage, die Dir die beste Antwort liefert.

Jeder kann oder sollte diese Antwort für sich finden. Nur Du kannst sie für Dich finden.
Doch wisse, wir leben in einer der spannendsten Zeiten, die es je gab. Können jetzt mitgestalten. Erleben Bewusstseinssprünge. Sei dankbar jetzt dabei sein zu dürfen.

Teil IV Praxis mit Anleitungen

Achtsamkeits-Praxis

Die Basis oder auch das Einmal eins des Lebens!

Phase 1: Sensibilisierung der natürlichen inneren Wahrnehmung

In Phase 1 geht es darum, die körperlichen, gedanklichen und emotionalen Empfindungen aus einer Distanz wahrzunehmen. Diese Phase, eine Selbstreflexion, ist hilfreich für den Prozess der De-Konditionierung und auch der Des-Identifikation.

Körper

Das Bodyscanning, den Körper aus der Distanz wahrnehmen.

Ziel: Lernen, die Signale des Körpers zu deuten, bevor sich Krankheiten manifestieren.

Gemütslage

Beim Anwenden einer speziellen Atemtechnik erkennet man die momentane Grundstimmung.

Ziel: Durch Annehmen der Gemütslage verflüchtigt sich die negative Stimmung.

Gefühle

Lerne die eigenen unbewussten Gefühle zu erkennen. Die Sinneswahrnehmung für emotionale Einwirkungen von außen wird geschärft.

Ziel: Klar zu erkennen, was tatsächlich in diesem Moment und um sich herum geschieht.

Gedanken

Mit dem Erlernen des mentalen Loslassens erkennt man deutlich die eigenen Gedanken und die äußeren Ablenkungen über die Sinneskanäle.

Ziel: Die selbstsichere bewusste Entscheidung im Alltag, statt manipuliert zu werden.

Am sinnvollsten ist es, diese Methode zur Gewohnheit zu machen, weil es jeder Lebenssituation gerecht wird, unabhängig aller Ziele und individuellen Vorhaben.

Phase 2: Die Kunst des tiefgreifenden Hinterfragens

Das Er-Innern erreicht man durch tiefgreifendes Hinterfragen. Diese Anleitung ist unterstützend bei Selbstreflexion. Selbstreflexion ist eine Selbstprüfung, eine kritische Auseinandersetzung mit sich selbst, den eigenen Handlungen, bis zum Erkennen des Auslösers. Es ist eine persönliche Untersuchung, die zum Erkennen des Erkennens führt.

Selbstreflexion macht den Unterschied zu jeglicher Therapie, und kann parallel zu jeder Therapie angewandt werden.

Bei der Selbstreflexion betrachten und hinterfragt man seine bisherigen Annahmen, Glaubenssätze, Überzeugungen und Konditionierungen.

Man überprüft, ob es den Denker bei sich selbst gibt.

Ergebnis: Man stellt fest, dass es nur Gedanken gibt, jedoch keinen Denker.

Man überprüft, ob es einen Entscheider bei sich gibt.

Ergebnis: Man stellt fest, dass es nur Entscheidungen gibt, jedoch keinen Entscheider.

Überprüfen, ob es einen Handelnden gibt.

Ergebnis: Sie stellen fest, dass es nur Handlungen gibt, jedoch keinen Handelnden.

Man überprüft, ob man etwas ist, oder ob man etwas hat. Logisch ist, man kann nicht etwas haben und gleichzeitig sein. Ob man Auto ist, oder ob man ein Auto hat, ist ein gewaltiger Unterschied.

Die Selbstreflexion ist der Impulsgeber, um in den Zustand des inneren Erwachens zu kommen. Inneres Erwachen ist ein Erkennen des Erkennens – ein Beobachten auf der Meta-Ebene, in welchem die Funktion des Verstandes erstmals klar erkannt wird, ein tatsächliches Nichts-Tun. Es ist ein Überprüfen und Hinterfragen der Gedanken, denen wir üblicherweise Glauben schenken. Dieses Erkennen wird von allen, die es kennen, als das Glück empfunden, wirklich frei von Konditionierungen zu sein.

Erinnerung an meine Zeit bei den Kahuna's (Ho'oponopono)

Die liebevoll verbindente Praxis!

Ho'oponopono stammt aus dem polynesischen, Hawaii, und hat die Bedeutung „in Ordnung bringen" und dient der Heilung körperlicher und geistiger Krankheiten.

Ein sehr schönes, leichtes, liebevolles und wirksames Praktizieren, um jedes Leid zu lösen.

So kannst DU DICH öffnen und loslassen. Klarheit kann sich deinem Körper ausbreiten. Es ist eine Praxis aus Hawaii, die sofortige Auswirkung.

Sobald Du eine schmerzhafte oder leidvolle Reaktion im Körper hast, kannst Du mit den folgenden 4 Sätzen, die im Körper spürbare Kontraktion auslösen, transformieren. Dein geschlossenes System von Wut, über Angst bis Trauer, Schuld oder Scham in nützliche Energien zu wandeln.

Der erste Satz:

Es tut mir leid!

Wenn irgendetwas in meinem Körper weh tut, habe ich irgendetwas weggepackt. Wir atmen dagegen an und erlauben uns, das nicht zu fühlen. So funktionieren wir. Wir haben etwas in unserem Körper konstruiert und spüren bei bestimmten Situationen eine Kontraktion. Es entsteht eine Resonanz.

Wir sagen diesen Satz: „Es tut mir leid", zu dieser Kontraktion im Körper. Indem Moment übernehmen wir die Verantwortung dafür. Das ist wichtig!

Der zweite Satz:

Bitte verzeihe mir!

Ich bin bereit die Verantwortung zu übernehmen, mich der Heilung hinzugeben. Die Hawaiianer machen dies sogar für die ganze Familie. Es muss nicht nur für sich sein. So wie sie im Körper etwas spüren, machen sie dir Praxis für die ganze Familie.

Der dritte Satz, dann kommt:

Danke schön, ich danke dir!

Wir danken dem System, dass es diese Schutzmechanismen hat. Es hat eine gute Intension für uns. Dieser Reaktionskreislauf wird biologisch ausgelöst. Wir sagen im Körper ich danke dir, denn weiß um deine gute Intension für mich.

Der vierte Satz zu dieser Stelle im Körper:

Ich liebe dich!

In Kurzfassung der 4 heilbringenden Sätze

Es tut mir leid!

Bitte verzeihe mir!

Ich danke dir!

Ich liebe dich!

Die Wirkung im Menschen ist unmittelbar.

Ich wünsche DIR ein gutes Gelingen, so wie es schon vielen Menschen geholfen hat.

Was bringt DICH zu Deinem Ziel?

Zielklarheit ist die Ursache im Leben, dann gehe den Weg, der sich zeigt!

Du bist schon länger auf der Suche, Dein Leben nach Deinen Wünschen zu gestalten. DU möchtest erfolgreich manifestieren.

Die Bedeutung von Manifestation:

Als Manifestation wird das Sichtbarwerden oder das Sich offenbaren von Dingen aller Art bezeichnet, die vorher unsichtbar bzw. gestaltlos oder gar nicht existent waren.

Die erste grundlegende Fehlannahme ist, dass es zu Beginn nicht darauf an ankomme, was DU machst, sondern wer es macht.

Daher die schon so oft gestellte Frage hier: „Wer bin ich?“

Du weißt bestimmt aus eigener Erfahrung, dass zwei Personen die gleiche Sache machen und es gibt zwei verschieden Resultate.

Genau so ist bei jedem einzelnen Menschen und natürlich auch bei DIR. Das Selbst und das „Ich“ sind nicht immer im Gleichklang. Das Selbst hat die vollkommene Kenntnis.

Es kommt darauf an, aus welcher Ebene Du handelst. Aus der Ebene des Machens heraus, bist DU auf dem Holzweg. DU bist dann immer noch auf der Suche nach der goldenen Methode oder dem teuersten Coach oder Guru. Doch weit gefehlt. Es geht nie darum, was DU machst, sondern „WER“ es macht.

Hier benötigst DU die Erkenntnis, wer DU bist.

Aus diesem SEIN heraus folgt dann das Machen. Von diesem Punkte weißt DU, was Du tun musst, welche Schritte Du gehe musst, genau die Sachen machen, die gemacht werden müssen und dabei den Weg des geringsten Widerstandes gehen.

MERKE:

Es geht nicht,

ich mache, um zu sein;

sondern

ich mache, weil ich bin!

Nur daraus kann eine wahre Ausrichtung erfolgen.

Für alle, die die Illusion durchschaut haben, können jetzt beginnen, sich ein klares Ziel vorzustellen, dieses in Besitz nehmen, und dafür danken, dass sie es erhalten haben.

Alle anderen sollten zuerst den einen Schritt zur wahren Identität machen. Beginne mit einer rückwärts gerichteten Hinterfragung. Das bedeutet, beobachte was DU nicht bist, bis zu dem Punkt, wo es nicht mehr weitergeht. Kleine Hilfe, alles, was DU beobachten kannst, kannst DU nicht sein.

Kannst DU Deinen Körper beobachten? Ja! Dann kannst Du nicht der Körper sein, Du hast einen Körper.

Somit veränderst DU DEINE Identität. DU bist mit den Dingen nicht identifiziert.

Aus dieser neu gewonnen Identität, DU bist bei DEINEN SELBST (bei Bewusstsein).

Jetzt ist der Weg frei zur gelingenden Manifestation.

Das ist Basis, die DIR einen stimmigen Weg bereitet.

Bewusstsein ist die einzige Realität und nur aus dem Bewusstsein lässt sich manifestieren. Bewusstsein spricht die kosmische universelle Sprache über das Gefühl.

Wer seinen Verstand, Ego benutzt, hat ein Prisma zwischen Vorstellung und Bewusstsein. Das Ego ist gerne ein Verhinderer, weil hier Glaubessätze, Überzeugungen, Angst, Prägungen und Traumata gespeichert sind.

Viel Erfolg. Es gibt keinen Misserfolg. Wenn etwas nicht so wird, wie DU es wünschst oder manifestierst, dann ist dies lediglich eine Rückkopplung, dass noch etwas bei dir zu ändern ist. Das funktioniert immer JETZT!

Das Leben ist ein fehlerloser Spiegel und spiegelt nur DEIN SEIN.

Sei der Beobachter

Alles, was man beobachten kann, kann man nicht sein!

Es gehört mit zu den besonderen Herausforderungen in Deinem Leben, ständig im Beobachtermodus zu bleiben.

Es ist die effizienteste Möglichkeit, dein Bewusstsein in vollem Umfang zu nutzen.

Folgend sind Hinweise beschrieben, wie du durch die Steigerung deiner momentanen Achtsamkeit direkten Zugang zu Gefühlen und Gedanken erhältst. Wie Du durch Untersuchen, Hinterfragen und Erforschen erkennst, wer Du wirklich bist.

Doch leider ist es oft so, dass Du wieder aus dem Bewusstsein ins EGO zurückfällst. Das bedeutet, dass du die meiste Tageszeit wieder in den alten Gewohnheiten festhängst, eben die Dinge, die Dein bisheriges Verhalten ausgelöst haben und Dich in einem Dämmerzustand durchs Leben steuern, die Deiner eigenen (unvollständigen) Programmierung folgt.

Um permanent den vollen Umfang Deines Lebens genießen zu können, sollte das Ziel jedes Einzelnen sein, so lange wie möglich bewusst zu sein.

Um dieses Bewusstsein immer länger aufrecht zu erhalten, ist ein Zustand im Beobachtermodus, Deinem natürlichen Zustand, zu verharren.

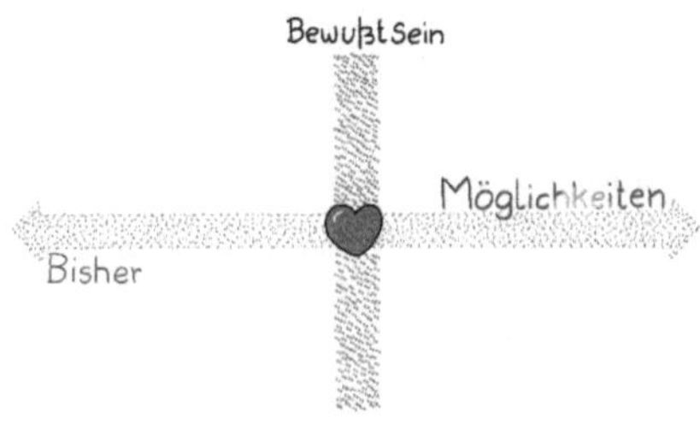

Du beobachtest, was für Gedanken-Prozesse vor sich gehen, und kannst diese Programmierung auch verändern. Im Schlafzustand reagierst Du auf Grund Deiner Programmierung.

Das Bewusstsein ist in der Lage, diese Programmierung zu überwinden. Du bist in der Lage, Deine Reaktion bewusst zu beobachten und verändern, statt impulsiv auf etwas zu reagieren.

Du wirst zum Beobachter.

Du beobachtest was vor sich geht, wie Deine Innenwelt darauf reagiert und kannst dann die Reaktion bewusst anpassen. Eben bewusst durch den Tag zu gehen. Du wirst viel magnetischer werden. Du wirst mehr Synchronitäten erleben.

Leider vergessen wir immer wieder sehr schnell, dass wir der Beobachter sind. Hier ist es von Vorteil, wenn Du die Empfehlungen der Frage: „Wer bin ICH" gefolgt bist. Du bist dann desidentifiziert, raus aus der Illusion, Ende der Täuschung.

Wenn Du Dir bewusst bist, dass Du der Beobachter bist, dann beginnen sich ganz schnell Sachen stimmig zu verändern. Das Problem ist, dass wir immer wieder vergessen, dass wir dieser Beobachter sind.

Er-Innern

Die Herausforderung ist, dass wir uns ER-INNERN müssen. Dieses ER-INNERN sollte dann zur Gewohnheit werden. Dazu ist es wichtig, dass wir die Natur dieser Realität verstehen.

Es gibt zwei Seiten zu dieser Realität. Da ist einmal die äußere Seite der Realität. Das ist alles, was im Außen passiert und die innere Seite der Realität. Eben das, was in uns vor sich geht.

All unsere Emotionen, Gefühle, Empfindungen und Gedanken.

Aus der bisherigen Gewohnheit heraus, bist Du immer auf einer dieser beiden Seite, INNEN oder AUSSEN, gefangen. Wenn Du in einer dieser Seiten gefangen bist, dann bist Du Teil eben dieser Szene. Du bist wieder Teil dieses Spiels, Du hast Dich wieder in dieses Spiel verwickelt.

Ziel war es jedoch, der Beobachter zu sein. Dafür brauchen wir unsere zentrierte Achtsamkeit. Das, was im Außen vor sich geht sowie das, was in uns vor sich geht, gleichzeitig beobachten. Als Beobachter hast Du Dich aus dem Spiel genommen, denn Du beobachtest bloß. Jetzt schließt sich der Kreis der Fragen:

Wer bin ich?
Wo bin ich?
Was mache ich gerade?

Dessen musst Du Dir bewusstwerden, ohne die Fragen zu beantworten.

Schnell kommst Du zur Erkenntnis:

Ich bin nicht mehr in dieser Szene gefangen. Ich beobachte das Ganze jetzt.
Beobachten, statt im Film gefangen zu sein.

Werde Dir dessen ganz bewusst, dass Du sagen kannst, „Ich sehe mich selbst und ich sehe meine Realität“.

Lerne Gefühle von Emotionen zu unterscheiden: erkenne Gefühle als Sprachfrequenz des Kosmos.

Verstehe: Alles im Universum ist Energie. Energie wandelt sich, kann aber nicht vernichtet werden.

Lerne in Frequenzen, Schwingungen und Resonanzen zu denken.

Du wirst Dir dabei permanent bewusster, dass Du der Beobachter bist.

Erkennen durch Wahrnehmung

Wahrnehmen ist urteilsfrei!

Um mich zu erkennen, muss ich wissen wie Erkennen geht. Das funktioniert nur über die Wahrnehmung. Deshalb ist das Wichtigste im Leben, in die Wahrnehmung zu gelangen.

Der erste Hinwies, ist, diesen Text nicht nur zu lesen, als Wissen zu speichern, sondern vollziehend erleben. In die Wahrnehmung zu kommen, in der Wahrnehmung zu sein, in der Wahrnehmung zu leben.

Ohne die Wahrnehmung zu leben ist wie Autofahren mit geschlossenen Augen.

Erste Frage: warum sollte ich auf einen fehlerhaften Verstand ausweichen, wenn ich doch so ein optimales Werkzeug zur Verfügung haben?

Hier folgt Deine Antwort!

Die Idee dahinter hier ist, ständig in der Wahrnehmung zu bleiben.

Hier folgt Deine Entscheidung!

Warum nicht ständig in der Wahrnehmung zu leben?

Warum nicht alles, was geschieht, ständig wahrzunehmen?

Das Leben wahrnehmen bedeutet, dass man ständig bei Bewusstsein ist und im höchsten Bewusstsein lebt. Weil man durch die ständige Wahrnehmung alles vollkommen tut, ändert sich damit sofort das Sosein und damit das ganze Leben.

Mit diesem Schritt verzaubert jeder, der dies für sich ernsthaft durchführt, sein ganzes Leben.

Von Vorteil ist, wenn man jeden Schritt nacheinander vollziehend erlebt. Das ist DIE Herausforderung, bedeutet nicht nur lesen und im Verstand speichern, um es dann zu wissen, sondern sofort fühlen.

Gehen wir gemeinsam in die Wahrnehmung.

Machen wir uns bewusst, Wahrnehmen ist das Erkennen der Wirklichkeit hinter der Realität.

Wer verursacht eigentlich die Realität, die man erlebt? Jeder selbst!

Dann nimmt man wahr, das ist man selbst. Viele haben noch ein Gefühl, als wenn Realität etwas ist wie das Wetter, manchmal kommt schönes Wetter, manchmal kommt weniger schönes Wetter, aber das kommt halt. Das stimmt nicht. Jeder macht sich in jedem Augenblick, seine Zukunft, sein Schicksal selbst. Auch in diesem Augenblick jetzt! Während Du hier liest, mach DIR bewusst, DU bist ein Energiefeld, das eine ganz einmalige, individuelle Schwingung. Die sendet man (DU) 24 Stunden am Tag aus. Damit verursacht man sein einmaliges Schicksal. Das Beste und Schöne sind, man (DU) kann es in jedem Augenblick ändern.

Mache es sich jeder bewusst, Wahrnehmen ist der natürliche Zustand des wahren Seins. Man lernt nicht eine besondere Fähigkeit, die man erwerben oder üben müsst, denn das ist der eigene natürliche Zustand.

Ständig zu leben als bewusster Beobachter und damit in der Wahrnehmung.

Ein wichtiger Zwischenschritt ist, zu üben, beobachtend wahrzunehmen.

Mach gleich hier dir praktisch bewusst, wie nimmst Du Wahrnehmung wahr? Kommt die Wahrnehmung als Bild, als Wort, als Gefühl, als Energie.

Sie kommt bei jedem als Energie an, muss aber übersetzt werden, damit der Verstand das auch versteht und liefert jedem so die innere Gewissheit. Dann nimm den Kanal, der am leichtesten zugänglich ist, und entscheide DICH, wie DU die Wahrnehmung wahrnehmen möchtest.

Mache DIR bewusst, alles, was DU erlebst, ohne Ausnahme, ist ein Botschaft des Lebens. Das bedeute, das Leben spricht ständig zu DIR! Auch in diesem Augenblick.

Das kann beispielsweise über die Botschaft des Körpers, oder die Botschaft der Lebensumstände sein.

Dazu gehört der nächste Schritt, die Botschaft auch wahrzunehmen, verstehen und befolgen.

Mache DIR bewusst, was sagt das Leben DIR im Augenblick jetzt?

Mit dem Richten der Achtsamkeit, bestimmst Du was Du wahrnimmst.

(Nochmal der wichtige Hinweis: Bei der Wahrnehmung ist die momentane Achtsamkeit das Werkzeug wie zuvor im Text beschrieben. Die Aufmerksamkeit wiederum ist wie ein Suchscheinwerfer im Dunkel.)

Richte Deine Aufmerksamkeit auf: Leben, was willst du mir jetzt sagen?

Vorausgesetzt, die Identifikation mit der Illusion des Menschseins ist beendet.

Die meisten Menschen glauben unbewusst Mensch zu sein.

Daher ist wichtig sein Weltbild abzugleichen, oder wie es das Titelbild veranschaulicht, die Reise auf den Planet Erde, als Schulungsplanet zu nutzen. Erfahrungen zu machen und zu lernen. Hier kann Coaching hilfreich sein.

Greife bewusst auf den sprachlichen Ausdruck zurück, du hast einen Körper und bist nicht der Körper. Du hast einen Verstand und bist nicht der Verstand.

Fühle jetzt gleich nach: Ich habe einen Körper! Ich habe einen Verstand! Ich habe eine Persönlichkeit.

Jetzt fühle nach, wer das sagt. Der Träger dieses Körpers. Das bist DU!

Schaue jetzt dem Körper, dem Verstand, der Persönlichkeit als bewusster Beobachter beim Leben zu. So kommt jeder, ohne weiteres Zutun, vom Denken zur Wahrnehmung.

Die Eigenschaft des Beobachters ist, wahrzunehmen was gerade geschieht.

Jetzt beobachte, wie fühlt sich der Körper an, und dann schau mal beim Verstand rein.

Mache dies zur Gewohnheit. Löse die Identifikation auf. Nutze den Körper, den Verstand, die Persönlichkeit, als DEINE Freunde. Freunde dürfen eine andere Meinung haben, anders sein als DU selbst.

Bleibe im Gefühl dessen, der Du wirklich bist und es ergibt ein stimmiges, freudiges Leben.

Faszination Visualisierung

Visualisierung ist schöpferisch und nur dem Menschen möglich.

Visualisierungsübungen halten Ordnung in deinem Unterbewusstsein.

Sie ziehen die Dinge an, die du brauchst, damit dein Leben in geordneter Weise erfreulicher wird.

Wenn der Zustand geistiger Ordnung erreicht ist, bist du nicht mehr in einer ständigen inneren Hast.

Gier, gehetzt sein, Hast, sind Angst und somit destruktiv.

Sobald der Verstand erkannt hat, dass du dir deinen Herzenswunsch innerlich gefühlvoll vorstellen kannst, und Kraft des Willens aufrechterhalten kannst, ziehst du über die harmonischen Schwingungen der Gesetzmäßigkeit der Anziehung alles an, was zur Verwirklichung dieses Wunschbildes nötig ist.

Da Ordnung das erste „Kosmische Prinzip“ ist, und dass Visualisierung die Dinge in ihre natürliche Ordnung bringt, erkennst du, dass Visualisieren etwas Himmlisches ist.

Jeder Visualisiert, ob er das weiß oder nicht.

Visualisierungen sind das große Erfolgsgeheimnis schlechthin.

Diese Anwendung der großen Macht, erschließt dir vielfältige Hilfsquellen, vertieft deine Weisheit und versetzt dich in die Lage, Vorteile zu nutzen, die du vorher nicht erkannt hast.

Was dir noch fehlt?

Weitere sogenannte Geheimnisse sind dabei zu entdecken. Den Schlüssel dazu, trägt jeder selbst in sich. Mit diesem Schlüssel kannst du die Geheimkammer öffnen, welche diesen Herzenswunsch in sich birgt. Alles, was nötig ist, damit du diesen Schlüssel gebrauchst und dein Leben so gestaltets, wie du es wünschst, ist eine Sorgfältige Prüfung der unsichtbaren Ursachen, die dem äußeren sichtbaren Zustand, zugrunde liegen.

Warum komme ich erst jetzt mit diesem Thema?

Wenn man sich der kosmischen Gesetze nicht bewusst ist, nicht erkannt hat, was sich unbewusst in uns abspielt, ist es uns unerklärlich, warum es bisher meist nicht funktioniert hat. Daher habe ich über die vergangenen Jahre versucht, die jedem innewohnende momentane Achtsamkeit zu erklären und zu stärken. Anleitung gibt es in Kurzform am Ende des Buches.

Ich kann es DIR erklären, aber ich kann es nicht für DICH verstehen.

Ergänzend sei noch gesagt:

„Versuche dabei nicht die Naturgesetze zu ändern!“

Visualisierung hat mehr zu bieten.

So kommst Du Deiner unsichtbaren Macht auf die Spur.

Teil V Zusammenfassung mit Schlussgedanken

Essenz

Das Sosein, die innere Natur funktioniert nach universellen Gesetzen, ob man daran glaubt oder nicht. Die innere Natur ist das Sosein, was durch den Körper und Persönlichkeit zum Ausdruck kommt.

Helen Keller war eine taubblinde US-amerikanische Schriftstellerin. Sie sagte: Das Leben ist entweder ein aufregendes Abenteuer oder gar nichts.

Das Leben ist ein Spiel. Du kannst es nur spielen, aber nicht gewinnen.

Wir glauben, dass wir ein problemfreies Leben wollen, aber tatsächlich wollen wir das nicht. Wir wollen nur eine goldene Mitte finden zwischen Stabilität aus dem, ich habe einen gewissen Überblick eine gewisse Kontrolle und vollkommenes Chaos.

In Wahrheit möchten wir beide Extrem nicht. Wir wollen das Gefühl, ja, ich beherrsche dieses Spiel und beginne es zu meistern und werde mein Bester in diesem Spiel, aber ich werde nie so gut, dass ich alles unter Kontrolle habe. Das wäre der Tod. Das ist langweilig.

Du bist wie eine Welle im Ozan. Eine Welle ist individuelle aber nicht vom Ozean getrennt, sonst wäre die Welle eine Portion Wasser. Trennung findet nur im Verstand statt. Der Kosmos kennt keine Trennung.

Derjenige, in dessen Herz Begierden eindringen, so wie Wasser von Flüssen in den weiten Ozean strömen, ohne dass der Ozean deswegen über die Ufer tritt, erlangt Glückseligkeit. Nicht derjenige, der in seinen Begierden schwelgt.

Gewohnheiten.

Die besten Gewohnheiten, die man haben kann, verlaufen exponentiell – der Nutzen der Gewohnheiten – bedeutet, am Anfang empfindest du kaum einen Fortschritt, erstmal geschieht gar nichts, aber irgendwann kommst du ins exponentielle Wachstum und dann geht es richtig hoch. So auch beim Bewusstsein freisetzen.

Diese Phase, wo immer du etwas machst, Jahre lang, hast aber kaum einen Fortschritt, ist das Plato des schlummernden Potenzales (siehe Sparen, Zinsen Zinseszinsen). Das gleiche gilt auch für negative Gewohnheiten, deswegen sind sie so tückisch.

Grundsätzlich.

Jeder geht seinen eigenen Weg. Die Hinweise in diesem Buch sind gedacht, den alltäglichen Gewohnheiten zu entkommen und Neues in sein Leben zu ziehen und grundsätzliche Anhaltspunkte, um für sich selbst zu entscheiden, was passend sein kann für den einzelnen Weg. Was jedoch bei allen Lebensentscheidungen hilfreich ist, das ist das Stärken der momentanen Achtsamkeit. Es ist wie das Einmaleins in der Mathematik. Um präzise beobachten und wahrnehmen zu können, gibt es kein Vernachlässigen der momentanen Achtsamkeit. Diese ist nicht zu verwechseln mit der Aufmerksamkeit, denn diese lässt sich steuern wie ein Suchscheinwerfer und damit den Energiefluss lenken. Deine Aufmerksamkeit ist der persönliche Suchscheinwerfer in der universellen Bibliothek. Diese Fragen bringen dich auf den Weg, oder….?

- Willst du frei werden?
- Willst du wach werden?
- Willst du selbstbestimmt werden?
- Willst du den Sinn des Lebens verstehen?
- Willst du deine Bestimmung finden?
- Oder? - einfach nur ein oberflächliches Leben leben…?

Ich wünsche jedem Menschen, dass ein „Wach auf" geschieht. Es ist der Weg in eine stimmige freudige, friedvolle schöne Welt.

Danke, dass DU hier warst.

Es spielt keine Rolle wie und mit was man beginnt, das wahre und wirksame Ziel im Leben ist das Wollen, das Erkennen, wer man wirklich ist.

Erkennen ist das heilsamste in JEDER Lebenslage.

Die wirklich großen Ereignisse Freiheit, Liebe & Schicksal können wir nicht herbeiführen, aber wir können uns dafür öffnen, dass es uns passiert. Das ist die hohe Lebenskunst, das ist die hohe Lebensschule.

Kurzdarstellung

Warum sind Menschen nicht bereit, mehr in sich zu investieren?

Zum einen, ist die Macht der Gewohnheit der härteste Klebstoff der Welt.

Zum anderen, wirkt in uns der Wiederholungszwang, wer die Vergangenheit nicht kennt, ist gezwungen sie zu wiederholen. Muster, die in uns angelegt sind, die uns geprägt haben, wiederholen wir permanent, besonders wenn diese von den Eltern stammen, beginnend spätestens bei der Geburt.

Jeder muss wissen, was er will, was bei den meisten Menschen nicht klar ist.

Um Veränderung in Gang zu setzen, braucht es einen kleinen Auslöser.

Leidensdruck oder wir sind begeistert, verliebt oder inspiriert von etwas.

Du – ein bewusster Schöpfer

Erster Schritt; die Illusion mit dem ICH beende, als wichtigste Voraussetzung.

Zweiter Schritt; ständig leben als bewusster Beobachter, ich schaue als Bewusster meinem Körper, meinem Verstand beim Leben zu. Ich komme damit von selbst vom Denken zur Wahrnehmung.

Dritter Schritt; ich mach mich mit den Lebensgesetzen vertraut. Ich muss, wenn ich das Spiel des Lebens erfolgreich spielen will, muss ich die Spielregen kennen.

Vierter Schritt; als Hauptaufgabe sollte ich ständig mein Sosein optimieren. Damit bestimme ich meine Zukunft.

Fünfter Schritt; bewusst eintreten in die eigene natürliche Vollkommenheit. Indem ab sofort für immer, alles so vollkommen wie möglich mache. Das ist keine zusätzliche Belastung, keine Anstrengung. Es ändert mein Sosein, es ändert damit mein Schicksal, me3in ganzes Leben.

Dann sollte ich ein guter Partner, ein idealer Freund sein, einfach jemand den man mag.

Negative Energien immer sofort auflösen, wie Ärger, Sorgen, Ängste, Stress, denn dies verursacht eine Zukunft, die ich nicht haben will.

Prüfe das eigene Weltbild, kenne die Lebensabsicht (den Nordstern), folge der wahren Berufung.

Friedensgebet

Das kann jeder für den Frieden tun. Frieden für sich! Frieden für das Umfeld! Frieden für die Welt!

Liebende Güte

Mögen alle Wesen,

wo auch immer sie sind,

was auch immer sie tun mögen,

welche Form oder Größe sie auch haben,

ob sichtbar oder unsichtbar,

ob in der Nähe oder der Ferne lebend,

in welcher der 10 Richtungen auch immer,

mögen alle von ihnen, ohne Ausnahme,

fröhlichen Herzens sein,

mögen sie es leicht finden, für sich selbst zu sorgen,

mögen sie frei von Leid sein,

mögen sie frei sein von Feindschaft und Hass,

mögen sie den höchsten Segen empfangen,

um ihren Weg heraus aus dem Rad zu finden,

dem Kreislauf der Wiedergeburt.

Master Han Shan

Nicht vergessen, unter

https://www.norbert-glaab.de/freude-blog/
oder https://www.facebook.com/norbert.glaab/

gibt es noch viel mehr!

Telefonische Unterstützung: 07127 925923

Mail: icc@norbert-glaab.de

Quellenhinweise

Bilder:

Zeichnungen Sabina Deschneev

Zeichnungen Thomas Alwin Müller

Skizzen Norbert Glaab

Weltbild Deman Benifer

Buchempfehlung

Axel Burkart Glaubenssätze

Buch: mit einem Satz das Leben ändern Axel Burkart

Mike Michaels

Illusion Spielzeug der Wahrheit

Kurt Tepperwein

Die Geistigen Gesetze

Ho'oponopono -Video
https://www.youtube.com/watch?v=mAhKMiA0Axo

Nordstern; Dieter Lange

Schau immer zuerst nach innen, wenn du etwas suchst. Dort ist es zu finden.

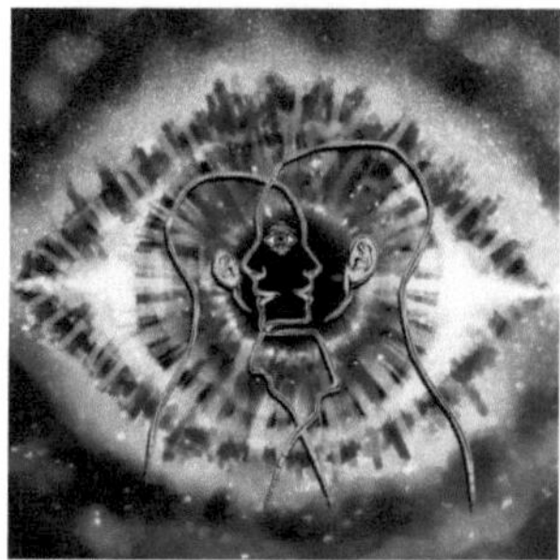

Leben im bewussten Sein

Das Leben ist ein Spiel, das du nur spielen, aber nicht gewinnen kannst.

Hier zitiere von Neville Goddard:

Analogie und Lebensbasis

Mit dem Leben verhält es sich so wie mit dem Bauern, der sein Feld bestellt. Wie der Bauer sät, so erntet er. Dem fruchtbaren Boden ist die Art der Satt gleichgültig, er lässt sie stets heranreifen, unnützes, wie nützliches. Das Leben basiert auf genau dem gleichen Prinzip, aber:

„Täuscht euch nicht: Gott lässt keinen Spott mit sich treiben; ***was der Mensch sät, wird er ernten;*** *wer im Vertrauen auf das Fleisch sät, wird vom Fleisch Verderben ernten;* ***wer aber im Vertrauen den Geist sät, wird vom Geist ewiges Leben ernten." Der Brief an die Galater 6:7,8***

Jene die, die Tiefe dieser Analogie verinnerlichen, sie als geistig (mental) erkannt haben, beherrschen das Spiel des Lebens.

Printed by Books on Demand GmbH, Norderstedt / Germany